Suzanne Barkawitz

Vegan genießen

Suzanne Barkawitz

Vegan genießen

Vollwertige Rezepte aus nah und fern

pala verlag

Für Martin:

Die Schicksale folgen festen Gesetzen,
die sich aber mit Notwendigkeit auswirken.
Aber der Mensch hat es in der Hand,
sein Schicksal zu gestalten,
je nachdem ob er sich durch sein Benehmen
dem Einfluss der segnenden
oder zerstörerischen Kräfte aussetzt.
I Ging

Inhalt

Vegan genießen!

Immer mehr Menschen kennen die gesundheitlichen Vorteile pflanzlicher Lebensmittel und streichen Fleisch und Fisch von ihrem Speiseplan, in vielen Restaurants stehen mittlerweile auch vegetarische Gerichte auf der Speisekarte: Der Vegetarismus ist längst salonfähig geworden. Anders sieht es mit dem Veganismus, dem reinen Vegetarismus aus. Der völlige Verzicht auf alle Produkte tierischen Ursprungs wird häufig gleichgesetzt mit genussfeindlicher Askese und Mangelernährung. Dabei kann man durch bewusste Auswahl *fast alle* Nährstoffe in ausreichender Menge auch im Pflanzenreich finden, und *viele* der wichtigen Vitamine, Mineralstoffe oder sekundären Pflanzenstoffe sind gerade in Pflanzen besonders reichlich – oder sogar nur dort – vorhanden. So ist eine ausreichende Versorgung mit fast allen essentiellen Nahrungsbestandteilen auch mit einer veganen Ernährungsform möglich! Und dass man sich darüber Gedanken machen sollte, was auf den Teller kommt, gilt natürlich nicht nur für Veganer, sondern ebenfalls für Mischköstler. Mit etwas Fantasie kann der Speiseplan sogar noch vielseitiger, köstlicher und interessanter als zu Mischkost-Zeiten werden.

Ein Ausprobieren lohnt sich jedenfalls allemal, denn: Vegane Ernährung macht Spaß und beinhaltet keineswegs nur »faden Körnerfraß«!

Die Umstellung auf eine Ernährungsweise ganz ohne tierische Lebensmittel bedeutet nicht, dass Sie sich jetzt bis an Ihr Lebensende mit Nährwerttabellen beschäftigen müssen – im Gegenteil: Essen soll vor allem Spaß machen, und mit etwas Grundwissen über die natürlichen Vorgänge im Körper können Sie Ihre Mahlzeiten so zusammenstellen, dass der Organismus in keine Mangelsituation gerät. Vertrauen Sie darauf, dass Ihr Körper Ihnen mitteilt, was er haben will und braucht – und erfüllen Sie ihm dann diesen Wunsch. So bringen die Nährwerttabellen das Wissen; für Erkenntnis sorgt die Erfahrung, dass es gut tut und köstlich schmeckt, ohne dass eine andere Kreatur dafür leiden muss.

Auch wenn die Formel »schneller, leichter, billiger« offenbar den Speiseplan vieler Haushalte beherrscht, so wächst andererseits aber auch die Sorge, die körperliche, seelische und geistige Gesundheit zu verlieren. Absurderweise sind dies im einundzwanzigsten Jahrhundert verstärkt ganz handfeste existentielle Ängste, allerdings leider meistens ohne die logische Konsequenz, neue Prioritäten zu setzen. Eine vegane Haushaltsplanung kann mit diesen Rationalisierungswünschen nicht konkurrieren, denn die Zubereitung veganer Gerichte braucht Zeit – mehr Zeit zumindest als der Griff ins Supermarktregal. Aber heute brauchen Pflanzenköstler nicht mehr mit laut knurrendem Magen kümmerliche Wurzeln und Beeren zu sammeln. Die Auswahl an pflanzlichen Nahrungsmitteln ist groß; lediglich denken und kochen muss man noch selbst.

»A taste is worth a thousand words« – der Geschmack zählt mehr als tausend Worte.

(Michael Klaper M. D. in *Vegan nutrition, pure and simple).*

In diesem Sinne: Viel Spaß beim Experimentieren und Genießen!

Was ist Veganismus?

Veganismus ist mehr als eine rein vegetarische Ernährung. Veganer verzichten auch auf Bekleidung aus Materialien, die von Tieren stammen wie Leder, Pelze, Schafwolle, Angora, Mohair und Seide. Diese Materialien kann man problemlos durch pflanzliche Fasern wie Baumwolle, Leinen, Hanf und Kapok ersetzen, ohne im Winter frieren zu müssen. Allergiker kennen diese Möglichkeiten schon lange. Sie schlafen vielleicht auf Strohmatratzen, benutzen Kapokdecken und Dinkelspreukissen, ziehen den »Lagen-Look« dem Wollpullover vor, und stellen fest, dass Wolle, Alpaka und Mohair nicht unersetzlich sind.

Verschiedene Strömungen im Veganismus

Veganismus ist keine neue Ernährungsweise. In der Archäologie und den verschiedenen Evolutionstheorien findet man viele Belege dafür, dass es fast immer Menschen gegeben hat, die sich ausschließlich von pflanzlicher Nahrung ernährt haben, weil ihre natürliche Umgebung nichts anderes hergab.

Später in der Geschichte der Menschheit gab es neue Gründe für eine solche Lebensweise wie Ethik und Religion.

Relativ neu ist heute der Gesundheitsaspekt, und neu sind auch solche fremdartig klingenden Überlegungen wie zum Beispiel die der **Frutarier,** die sich Gedanken über die Fähigkeit von Pflanzen machen, Schmerzen zu empfinden, und die keine Produkte essen, die das Leben der Pflanzen vernichten wie Wurzeln und Knollen. Sie ernähren sich ausschließlich von Obst und Hülsenfrüchten.

Keimlingsesser hingegen verzehren hauptsächlich Sprossen von Alfalfa, Weizen, Bohnen und einer Fülle anderer Samen. Essbar sind im Grunde genommen alle Keimlinge, deren Blätter auch im ausgewachsenen Zustand genießbar sind.

Schließlich gibt es noch die Fraktion der **Vitarianer,** die Getreide, Nüsse und Samen ablehnen, weil sie sie aus philosophischen Erwägungen für nicht menschengemäß erachten.

Hinter allen Konzepten verbirgt sich der Wunsch, es »richtig« zu machen: das Richtige für die Gesundheit, für den Frieden, für die Seele, für den Geist.

Oft führt dieser Wille, das »Richtige« zu tun, leider in ungesunde Bahnen und zu Verbissenheit.

Alle diese Ernährungsformen sind für viele Mischköstler Extreme, und sogar in einer Welt, die gerade beginnt, auch Minderheiten zu achten oder zumindest zu dulden, führen ungewöhnliche Anschauungen immer noch zu Unverständnis, Ablehnung oder sogar offenem Angriff.

Mit einer überzeugenden und toleranten Lebensweise erreicht man oft viel mehr als mit dem erhobenen Zeigefinger. Jemandem seine Gewaltlosigkeit zu glauben, der seinen Mitmenschen aggressiv ihre tatsächlichen oder vermeintlichen Fehler vorwirft, gleichzeitig aber predigt, den kleinen blutsaugenden Freund, der gerade eine juckende Quaddel auf dem Arm hinterlassen möchte, nicht totzuschlagen, fällt schwer.

So lehrt auch die mehr als dreitausend Jahre alte Weisheit von Laotse, zu wirken, ohne zu handeln:

Wahre Worte sind nicht schön,
schöne Worte sind nicht wahr.
Tüchtigkeit überredet nicht,
Überredung ist nicht tüchtig.
Der Weise ist nicht gelehrt,
der Gelehrte ist nicht weise.
Der Berufene häuft keinen Besitz auf.
Je mehr er für andere tut,
desto mehr besitzt er.
Je mehr er anderen gibt,
desto mehr hat er.
Des Himmels Tao ist fördern,
ohne zu schaden.
Des Berufenen Tao ist wirken,
ohne zu streiten.

(Laotse, Tao te king, Abschnitt 81)

Woher kommt der Begriff »vegan«?

Der Begriff *vegan* tauchte das erste Mal im Jahr 1946 in London auf. Eine zunächst noch kleine Gruppe wollte sich mit dieser Wortschöpfung von *vegetarian* (Vegetarier/vegetarisch) abgrenzen, weil sie nicht nur kein rotes Fleisch aßen, sondern auch Fisch, Eier, Milchprodukte und Honig von ihrem Speisezettel gestrichen hatten.

In dieser Zeit – der Zweite Weltkrieg war gerade vorbei – hatten Veganer es besonders schwer, an adäquate Lebensmittel zu kommen. Essensmarken boten keine Möglichkeit, tierische Lebensmittel zu ersetzen.

In England hatten Vegetarier erreicht, dass sie statt Fleisch Käse erhielten. Veganer dagegen waren auf ihren Erfindungsreichtum angewiesen.

Veganismus heute

Auch im 21. Jahrhundert steigt die Zahl der Menschen, die sich auf verschiedene Weise vegetarisch ernähren, von Jahr zu Jahr immer noch an. Zu diesen Ernährungsweisen gehört auch der »Veganismus«, die sogenannte rein vegetarische Ernährungsform. Spitzenreiter waren lange Zeit die Briten, die Pioniere der Bewegung. Inzwischen sind sie schon lange nicht mehr die einzige Nation, die den Veganismus stützt und trägt. Die Bewegung findet in ganz Europa ihre Aktivisten.

Der Inhalt der Aktionen hat sich in den letzten zwanzig Jahren kaum verändert. Die einen wählen diese Ernährungsform aus gesundheitlichen Gründen, die anderen aus Mitleid mit den Tieren. Radikale TierschützerInnen und TierbefreierInnen bewegen mit ihren Aktionen mehr Menschen als jede politische Partei. Sie werden von den einen amüsiert belächelt, von den anderen bewundert und von den nächsten verständnislos betrachtet. Bedeutet das, dass sich das Bewusstsein von Verantwortung für die Umwelt im Allgemeinen und für die Lebewesen im Besonderen zu wandeln beginnt? Oder überwiegt immer noch die Angst vor Menschen, die ihre Überzeugung mit einer an Perfektionismus grenzenden Konsequenz leben? Wer die rein vegetarische Ernährungsform für sich gewählt hat und darunter **Genuss** versteht, wird von vielen nicht verstanden. Wenn nicht nur die Wurst, sondern auch der Käse auf dem Brot fehlt, wird dies von »Normalessern« zuweilen als völlig übertriebenes Essverhalten eingestuft – oder es wird häufig gar als Angriff auf die eigene Ernährungsweise verstanden.

Warum vegan?

Warum ist das Thema zur Zeit so interessant? Dafür gibt es eine Menge Erklärungsmöglichkeiten:

Zivilisationskrankheiten boomen in den westlichen Industrienationen, und immer mehr Menschen suchen nach Möglichkeiten, ein gesünderes Leben zu führen. Der Traum von Unsterblichkeit ist uralt; solange wie sich Menschen mit Medizin beschäftigen, solange suchen sie schon nach dem ewigen Leben oder zumindest nach Möglichkeiten, das Leben zu verlängern. Heute gibt es sehr unterschiedliche, zum Teil sogar gegensätzliche Theorien zur gesunden Ernährung, und jede bietet ihre eigenen Beweise, ob der Mensch von seiner Entwicklungsgeschichte her ein Omnivore (Allesfresser) oder ein Herbivore (Pflanzenfresser) ist.

Fast jeder weiß heute allerdings um die gesundheitlichen Vorzüge vegetarischer Ernährung. Der Verzicht auf alle Nahrungsmittel tierischen Ursprungs gilt jedoch nach wie vor als ungesund.

Dabei erregen Skandale in der Landwirtschaft, wie Hormone im Kalbfleisch, Nikotin und Salmonellen in Eiern, schwermetallbelastete Seefische, und nicht zuletzt die *bovine spongiforme Encephalopathie (BSE)* und ihre mögliche Übertragbarkeit auf den Menschen, immer wieder die Gemüter und machen deutlich, dass viele tierische Produkte bedenklich sein können. Da ist es nicht länger »nur« das englische Rindfleisch, sondern auch Produkte, die beispielsweise aus Schlachtabfällen hergestellt werden wie Gelatine, die Konsumenten – berechtigterweise – Sorgen machen.

Gründe, sich ausschließlich von Pflanzen und Produkten pflanzlichen Ursprungs zu ernähren, gibt es viele, und die aktuellen Skandale in der Landwirtschaft liefern ständig neue Argumente, warum es aus ethischen und gesundheitlichen Erwägungen sinnvoll ist, eingefahrene Essgewohnheiten zu überdenken.

Hinzu kommt eine sich zuspitzende Welternährungssituation. Ethische Argumente gegen den Konsum von Produkten tierischer Herkunft sind nicht von den ökologischen Argumenten zu trennen; denkt man an den Schutz der Umwelt, drängen sich sofort auch gesundheitliche Aspekte ins Bewusstsein, und schließlich spielen in allen Bereichen wirtschaftliche Überlegungen ebenfalls eine Rolle.

Durch ihr hartnäckiges Argumentieren und durch spektakuläre Aktionen machen sich die Tierrechtler natürlich auch eine Menge Feinde. Und die Vorwürfe, vegane Ernährung sei ungesund und außerdem freudlos und langweilig, schreckt sicherlich

Gelatine wird aus Schlachtabfällen hergestellt: Knochen, Bänder und Sehnen werden gekocht, um daraus ein Bindemittel auf Eiweißbasis herzustellen. Seit dem BSE-Skandal ist dieses Wissen fast Allgemeingut.

Gelatine ist nicht immer leicht ausfindig zu machen, denn auch hinter den Begriffen *Gele, Aerogele, Silkagele, Lyogele, Xerogele* verbirgt sich Gelatine. Solche Unappetitlichkeiten finden sich in Kosmetika, Süßigkeiten, Puddings, Eiscreme, Joghurt, Tortenglasur, Sülze, Aspik und vielem mehr.

Auch *Lecithin* kann, wenn es nicht aus Soja gewonnen wird, tierischen Ursprungs sein. Weitere Ingredienzen tierischen Ursprungs wie *Stearinsäure, Allantoin, Collagen, Keratin, Lanolin, Elastin, Tran* und *Plazenta* findet man in vielen Kosmetika – und diese Auflistung ist längst nicht vollständig.

Eine ausführliche Liste über *»tierliche inhaltsstoffe und ihre alternativen«* bietet *Veganissimo eins* an (Bezugsquelle im Anhang Seite 188).

viele Halbentschlossene ab, ihren Speiseplan zu ändern.

Wer sich aber entschieden hat, auf Produkte tierischen Ursprungs zu verzichten, hat dafür bestimmt gute Gründe. Gerade ethische Erwägungen sind sehr verständlich, wenn man das Elend der Tiere in Massentierhaltung, den Schlachtviehtransport und die grausamen Praktiken bei der Schlachtung kennt.

Zu diesen ethischen Aspekten gehören auch religiöse Gründe, auf Fleisch, Fisch, Eier und Milch teilweise oder ganz zu verzichten.

Ethische und religiöse Gründe

Ethische Gründe gegen den Verzehr von Tieren existieren länger als der Begriff »vegan«. Schon das aus der fünftausend Jahre alten vedischen Kultur stammende Prinzip des *Ahimsa* (Gewaltlosigkeit) zeugt davon. Ahimsa bedeutet mehr als »Nicht töten«; zur Gewaltlosigkeit gehört auch, dass man niemandem etwas Übles wünscht, niemanden beschimpft oder – egal ob verbal oder körperlich – bedroht. Auch wer Gewalt zulässt, billigt oder in Kauf nimmt, verstößt gegen das Prinzip des Ahimsa. Aus dieser Wurzel entstand der Hinduismus, der in seiner Tradition im Hinblick auf Gewaltlosigkeit die traditionell beständigste von allen Weltreligionen ist.

Auch viele der im Folgenden genannten Religionsstifter waren der Überlieferung nach Vegetarier.

Vedische Religion, Hinduismus und Buddhismus

Die Kultur der Veden ist die älteste bekannte Religion mit vegetarischer Tradition. Aus ihr entstand zunächst

Nahezu alle Religionen der Welt predigen ursprünglich ein friedliches Leben und streben nach Harmonie zwischen allen Wesen. Trotzdem sind verschiedene Glaubensrichtungen immer noch Anlass für Kriege und Verfolgung Andersgläubiger. Wen wundert es da, dass auch und gerade verschiedene Ernährungsgewohnheiten zu – mitunter fanatischen – Grundsatzdiskussionen führen, die dem Ziel »Gewaltlosigkeit« wirklich nicht gerecht werden.

die Hare-Krishna-Bewegung, dann der Hinduismus und schließlich der Buddhismus. Für alle diese Nachfolger der Veden ist auch heute noch das Prinzip der Gewaltlosigkeit ein essentieller Bestandteil.

Buddha trat in seiner Lehre ursprünglich eindeutig für Gewaltlosigkeit und »Nicht töten« ein. Dass es heute Buddhisten gibt, die Fleisch essen, könnte daran liegen, dass Buddha seine Lehren nicht persönlich niederschrieb und es schon zu seinen Lebzeiten Anhänger gab, die seine Worte interpretierten.

Das Prinzip des Ahimsa liegt aber auch dem Buddhismus zugrunde: Nichts zu tun, was anderen Leid bringt.

Judentum, Christentum und Islam

Judentum, Christentum und Islam, die vergleichsweise jüngeren Weltreligionen, weisen heutzutage bestenfalls noch Spuren von den ehemaligen Geboten der Gewaltlosigkeit auf.

Die Thora (die fünf Bücher Moses) macht keinen Unterschied zwischen menschlicher und tierischer Seele, und man kann davon ausgehen, dass sich die ersten zehn Generationen von Juden ausschließlich von Pflanzen ernährten.

Christen lebten etwa bis zur Zeit Kaiser Konstantins (280 – 337 n. Chr.) vegetarisch. Dass sie es danach vielfach nicht mehr taten, könnte an dem Umstand liegen, dass ihr Glaube zunächst nicht als Religion, sondern als jüdische Sekte galt, und sie durch Kaiser Konstantin die Möglichkeit erhielten, als römische Staatsreligion anerkannt zu werden. Für Konstantins Segen mussten die geltenden Schriften und Gebote nach seinen Vorstellungen interpretiert werden. Zum Teil geschah das durch falsche Übersetzung: »Nahrung«, »Essen« und »Nahrungsmittel« wurden schlicht zu »Fleisch«.

Nur die jüngste der Weltreligionen, der Islam, hat keine wirkliche vegetarische Tradition. Zwar ist die Tierliebe Mohammeds überliefert, ebenso wie seine Empfehlung, den Mund nach dem Genuss von Fleisch oder Fisch vor dem Beten gründlich zu reinigen, aber bei allen Hygienevorschriften, die das Essen betreffen, fehlt ein Gebot des Vegetarismus. Nur in der heiligen Stadt Mekka ist es verboten, irgendein Lebewesen zu töten, um die Harmonie zwischen allen Geschöpfen zu demonstrieren.

Die Religion der Jaina

Die Religion der Jaina geht auf Mahavira, einen Zeitgenossen Buddhas, zurück. Diese indische Religion lehnt die Autorität der Veden mit ihrem Kastenwesen ab und lehrt eine jeder Seele innewohnende Göttlichkeit. Die Jaina glauben nicht an einen Gott, verehren aber die »Vollkommenen Seelen«, den »Höchsten Geist«. Die Erleuchtung erlangt man durch rechten Glauben, rechte Erkenntnis und rechtes Handeln, wozu auch Ahimsa gehört. Deshalb praktizieren die Jaina auch das vollkommene Ahimsa, die Nichtverletzung jedes Lebewesens. Einige von ihnen tragen beispielsweise sogar einen Mundschutz, um nicht versehentlich kleine Insekten zu verschlucken. Sie kehren auch ihren Weg, bevor sie ihn betreten, damit Kleinstlebewesen nicht verletzt werden.

Die Rastafari-Religion

Auch die von Marcus Garvey ins Leben gerufene Rastafari-Religion hat eine vegetarische Tradition. Die »Back to Africa«-Bewegung Garveys versteht sich als Antwort auf die Sklaverei früher und die Unterdrückung von Schwarzen heute.

Auch heute leben gläubige Rastafaris in Camps, die solchen in Westafrika nachgestaltet sind. Zu diesen Lebensgemeinschaften gehören die Trennung der Geschlechter, Dreadlocks und langen Bärte, das Rauchen von Marihuana, dem göttlichen Kraut *(ganga)*, und strenge Diätvorschriften: Der wirkliche Rastafari ist Vegetarier. Dazu gehört der Verzicht auf Fleisch, Fisch, Eier und teilweise auch auf Milch und Milchprodukte.

Ökonomische Gründe

Ökonomische Aspekte für den Verzicht auf tierische Produkte gehen prinzipiell in eine vergleichbare Richtung wie ethische und welternährungspolitische: Gerechtigkeit und Gewaltverzicht.

Der »Veredelungsverkehr«

Nach Einschätzungen der Weltbank leben auf der Welt inzwischen 1,2 Milliarden Menschen in Armut; von unterschiedlichen Definitionen ausgehend leiden etwa 1 Milliarde Menschen an Hunger und Unterernährung. Aus medizinischer bzw. gesundheitlicher Sicht sind noch weitaus mehr Menschen von Mangelernährung betroffen, weil sie beispielsweise mit wichtigen Nährstoffen unterversorgt sind.

Zwar wird immer wieder von Hilfe zur Selbsthilfe gesprochen, aber der hungernden Bevölkerung keine Chance gelassen, sich selbst zu versorgen.

Eines der Probleme heißt Veredelungsverkehr. Rohstoffe werden importiert und nach ihrer »Veredelung« wieder ausgeführt. Im Grunde werden also bereits fertige Agrarprodukte in Erzeugnisse von größerer Haltbarkeit oder höherer Wertigkeit umgewandelt.

Heute versteht man unter Veredelung im Allgemeinen die Erzeugung tierischer Produkte, und die »höhere Wertigkeit« fließt ausschließlich in die Tasche des Veredlers, denn für ihn ist es rentabler, sein Getreide an seine »Nutztiere« zu verfüttern, als es zum Zweck der menschlichen Ernährung zu verkaufen.

Der Begriff »höhere Wertigkeit« stützt sich dabei auf keine wissenschaftliche Grundlage und ist willkürlich gewählt. Er stammt aus einer Zeit, als Fleischkonsum gleichbedeutend mit Wohlstand war und man annahm, pflanzliches Eiweiß sei von minderer Qualität. Beide Argumente sind heute hinfällig.

Durchschnittlicher Preis für Lebensmittel, gemessen am Preis für Weizen

Lebensmittel	Preisrelation
Weizen	1
Mais	1
Hirse	1,4
Gerste	1,7
Reis	1 – 2,6
Hafer	1,3
Sojabohnen	1,8
Dinkel/Grünkern	1,7
Buchweizen	1,3
Fleisch	7 – 20

Der Ertrag von Getreide liegt weltweit bei ca. 2,2 Milliarden Tonnen im Jahr. Statistisch kommt so auf jeden Menschen der Weltbevölkerung etwa 900 g Getreide pro Tag, was etwa 3150 kcal entspricht. Durch den Umweg über das Tier wird nur etwa ein Neuntel dieser Energie in Nahrungsenergie umgewandelt.

Tierisches Eiweiß hat seinen Preis

Dass sich mit Fleisch und Eiern ein vergleichsweise höherer Preis erzielen lässt als mit Getreide, bekommt auch der Verbraucher zu spüren. Der Erzeuger bekommt für Fleisch sogar rund siebenmal so viel, wie er für die gleiche Menge Getreide bekommen hätte. Bei Importen von Soja aus Ländern, in denen diese Hülsenfrüchte zur Ernährung der menschlichen Bevölkerung dienen könnten, ist die Spanne noch weitaus größer.

Kalorien: Input und Output

Aus einer Getreidekalorie werden bei der »Veredelung«:

direkte Ernährung (z. B. Brot)	1 : 1
daraus erzeugte Eier	4 : 1
daraus erzeugte Milch	5 : 1
daraus erzeugtes Rindfleisch	10 : 1
daraus erzeugtes Geflügel	12 : 1

Das Welternährungsproblem stellt sich aber nicht nur in Ländern der sogenannten Dritten Welt; auch bei uns ist die ausreichende Versorgung der Bevölkerung mit Nahrungsmitteln mit Problemen verbunden. In Gegenden mit hoher Dichte an landwirtschaftlicher Tierhaltung hält die Erzeugung nicht mit dem Bedarf an Futtermitteln Schritt. Die Folge ist eine immer intensivere Nutzung von Bodenressourcen, und der Teufelskreis schließt sich: Mehr Nutztiere benötigen auch mehr Futter. Konzentrierte Futtermittel wie Eiweißkonzentrate kommen zum Einsatz, und solche Futtermittel, die entweder aus Abfallprodukten aus der »Fleischindustrie« oder auf Sojabasis hergestellt werden, wirken sich negativ auf die Umwelt und die Welternährungssituation aus. Sojabohnen, die hungernde Menschen satt machen könnten, werden an subventionierte Milchkühe verfüttert, um Milchpulver – ein Abfallprodukt – herzustellen, das dann entweder wieder als Futtermittel dient oder in die »Entwicklungsländer« zurücktransportiert wird. Aus Sojabohnen lassen sich befriedigende Mahlzeiten bereiten, aus Milchpulver nicht.

Ökologische Gründe

Neue Ideen der Unkrautbekämpfung und der Krankheitsbekämpfung bei Pflanzen, wie seit einiger Zeit die Genmanipulation, sollen helfen, die Kapazitäten des Bodens noch weiter auszuschöpfen. Mit Veränderungen im Erbgut von Nutzpflanzen sollen diese unempfindlich gegen Schädlinge und Krankheiten, aber auch gegen Pestizide gemacht werden, die normalerweise nicht selektiv wirken und deswegen Kraut und Un-Kraut gleichermaßen vernichten.

Die Massentierhaltung, bei der über den sowieso enormen Fleischbedarf noch hinaus produziert wird, schafft auch noch eine Fülle weiterer ökologischer Probleme. Ein Großteil des aufgenommenen Futters wird natürlicherweise wieder ausgeschieden und normalerweise dem Kreislauf von Entstehen und Vergehen zugeführt. Die großen Mengen an Mist und Gülle, die durch die Massentierhaltung anfallen, kann die Natur jedoch nicht mehr vollständig verwerten.

Eine Kuh produziert etwa 9 – 15 t Mist oder 1,4 – 1,7 m^3 Gülle im Jahr, ein Mastschwein 0,3 t Mist oder 0,2 m^3 Gülle pro 140 Tage Mastperiode und 100 Legehennen produzieren 4 t Mist/Jahr.

Die Richtlinien, die das Ausbringen von Stallmist und Gülle auf die Felder beschränken, stellen eine absolute Obergrenze dar. Bezeichnenderweise enthält das Trinkwasser aus Gegenden mit wenig Landwirtschaft, z. B. aus dem Ruhrgebiet, bedeutend weniger Nitrat als solches aus ländlichen Gebieten. (Über die Nitratbelastung des Trinkwassers in Ihrer Region können Sie sich beim Wasserwerk erkundigen.) In den USA ist wegen des hohen Nitrateintrags der Beitrag der landwirtschaftlichen Tierhaltung an der Gewässerbelastung höher als der der Industrie!

Globale Umweltprobleme nehmen außerdem zu. Der tropische Regenwald fällt der intensiven Rinderhaltung zum Opfer: Er wird zu kurzfristig nutzbarem Weideland und nach wenigen Jahren, durch Auslaugung und Erosion der Böden, zur Einöde.

Die Erwärmung der Erde durch den sogenannten Treibhauseffekt wird ebenfalls zu einem Teil der Massentierhaltung angelastet. Mit Recht, denn Heizung und Lüftung für die Ställe, Produktion und Transport der Futtermittel sowie Belastung der Luft durch Methangase aus dem tierischen Darm sind für diesen Effekt mitverantwortlich. Die intensive Tierhaltung verbraucht große Mengen an Energie, die an den Vorräten fossiler Brennstoffe zehrt und direkt wie indirekt die Luft verschmutzt.

> Die Polkappen schmelzen, die Sahara wächst, jeden Tag sterben durchschnittlich etwa 8.400 Kinder unter 5 Jahren an Unterernährung, und weltweit geht man von rund einer Milliarde hungernder Menschen aus. Die westliche Überflussgesellschaft muss für diese Menschen wie eine Ohrfeige wirken!
>
> Fairer Handel ist somit ein wichtiger erster Schritt in die richtige Richtung. Aber auch jede und jeder Einzelne kann etwas tun, um ihr oder sein Konsumverhalten zu ändern. Der Verzicht auf tierische Produkte gehört dazu, denn die stark bevölkerte Erde kann es sich nicht leisten, Ressourcen zu vergeuden.

Gesundheitliche Gründe

Ernährung betrifft alle. Wer sich mit diesem Thema bewusst auseinandersetzt, weiß, dass man sich aus ethischen, religiösen, ökonomischen und ökologischen Gründen für eine rein vegetarische Lebensweise entscheiden kann.

Neben diesen vielfältigen weltanschaulichen Gründen können häufig aber auch gesundheitliche Gründe eine Ernährungsumstellung zur Folge haben oder sogar erfordern.

Fleischverzehr ist mittlerweile als ein Risikofaktor für viele Erkrankungen bekannt; dass aber auch andere Nahrungsmittel, die vom Tier stammen, gesundheitliche Nachteile mit sich bringen können, wissen dagegen wenige. Gerade die Milch und ihre Produkte werden meist recht unkritisch als unentbehrliche und urgesunde Nahrungsmittel gepriesen.

Wer von einer Allergie betroffen ist, und das sind heutzutage immer mehr Menschen, kennt dagegen wahrscheinlich die Empfehlung, ganz auf tierisches Eiweiß zu verzichten. Denn nicht selten besteht die Allergie Nahrungsmitteln gegenüber, und ganz besonders häufig sollte dann das tierische Eiweiß gemieden werden.

Für viele Allergiker ist daher eine Ernährung ohne tierisches Eiweiß, also prinzipiell eine vegane Ernährung, notwendig.

Aber nicht nur für Allergiker kann der gesundheitliche Gewinn durch die Umstellung auf die vegane Lebensweise groß sein. Auch wer nicht von einer Allergie betroffen ist, kann profitieren!

Die gesundheitliche Wirkung der veganen Ernährung wird in den nächsten Kapiteln ausführlich behandelt.

Tierische Lebensmittel: Essen mit Reue

Fett: kalorienbombige »Nervennahrung«

Die Deutschen – und nicht nur sie – essen zu viel, zu fett, zu süß und zu salzig. Der meist übermäßige Fettverzehr des Mischköstlers bringt eine Menge gesundheitlicher Probleme mit sich.

Übergewicht wird heutzutage in erster Linie als ästhetisches Problem gesehen und weniger als gesundheitliches. Abnehmen wollen und abnehmen müssen sind dann auch zwei unterschiedliche Paar Schuhe:

Nach dem Ernährungsbericht der *Deutschen Gesellschaft für Ernährung (DGE)* von 2008 hat etwa jeder fünfte Deutsche starkes (!) Übergewicht; damit liegt die Bundesrepublik zusammen mit den USA – global gesehen – weit vorn. Übergewicht, ebenso wie Untergewicht, sind vielleicht die sichtbarsten Zeichen von Fehlernährung.

Als übergewichtig gilt, wessen Body Mass Index (BMI) zwischen 25 und 29,9 liegt. Der BMI ist eine einfache Messgröße, um Menschen über ihr gesundes Gewicht zu informieren. Der Index errechnet sich wie folgt: Körpergewicht in Kilogramm, dividiert durch das Quadrat der Körpergröße in Metern. Als Beispiel: Ein Erwachsener, der 70 kg wiegt und 1,75 m groß ist, hat einen BMI von 22,9. Als gesundes Gewicht gilt ein BMI zwischen 18,5 und 24,9, als fettleibig (adipös) gilt, wer einen BMI ab 30 hat.

Es gibt einige Tabellen und Formeln, die solche Normen wie *Normalgewicht* oder *Idealgewicht* festlegen. Inzwischen ist ein neuer Begriff aufgetaucht, das *individuelle Wohlfühlgewicht.* Die Definitionen sind so schwammig, dass man nur wenig damit anfangen kann, denn vom Vertrauen in den Körper, vom Körpergefühl, ist so viel verlorengegangen, dass kaum jemand weiß, ob sie oder er sich nun gerade wohl fühlt in ihrer/seiner Haut oder nicht. Und wenn man beschlossen hat, sich wohlzufühlen, dann weiß es bestimmt jemand besser: Zu dick ...! Zu dünn ...! Das alles möglichst auch noch auf hundert Gramm genau.

Die Resultate dieser strengen Normen sind immer häufiger Essstörungen.

Zu viel zu essen ist nur unter bestimmten Voraussetzungen möglich. Entweder wird die Nahrung wieder ausgespuckt oder der Zeitpunkt der Sättigung ignoriert, was auch zum unfreiwilligen Wiederausspucken führen kann.

Das Gefühl für Sättigung ist vielen Menschen abhandengekommen. Der Blutzuckerspiegel bestimmt dieses Gefühl ebenso wie die Füllung des Magens, aber diese beiden Signale passen bei Mischköstlern nur selten zusammen. So wird dann oft über die Sättigung hinaus gegessen.

Fett ist lebenswichtig

Fett bedeutet nicht nur lästige Kalorien, sondern ist ein unverzichtbarer Nahrungsbaustein. Zwar wird es in unserer Überflussgesellschaft als Energiespeicher weniger benötigt, aber als Baufett der Handflächen und Fußsohlen sowie als Stützgewebe vieler innerer Organe spielt es dennoch eine wichtige Rolle. Nicht zuletzt besteht unser Nervensystem zu einem nicht zu vernachlässigenden Teil aus Fett. Die schnellleitenden markhaltigen Nervenfasern sind von einer fettreichen Isolierung, der Myelinscheide, überzogen. Die anderen Nervenfasern sind dagegen fettärmer.

Essentielle Fettsäuren

Essentielle Fettsäuren sind langkettige, mehrfach ungesättigte Fettsäuren, die der Körper unverzichtbar braucht, aber nicht selbst herstellen kann. Diese essentiellen Nahrungsbestandteile kommen, abgesehen von einigen Fischölen, hauptsächlich in pflanzlicher Kost vor.

Pflanzliche Lebensmittel mit relativ hohem Gehalt an mehrfach ungesättigten Fettsäuren
(sortiert nach Gehalt)
Distelöl, Leinöl, Sonnenblumenöl, Sojaöl, Leinsamen, Walnüsse, Sonnenblumenkerne, Paranüsse, Margarine, Erdnüsse, Sojamehl (vollfett), getrocknete Sojabohnen, Haselnüsse

Tierisches Fett enthält weniger mehrfach ungesättigte Fettsäuren, beinhaltet dafür aber mehr gesättigte Fettsäuren und Cholesterin. Eine überhöhte Zufuhr dieser Fette wird für viele Herz-Kreislauf-Erkrankungen verantwortlich gemacht.

Cholesterin

Cholesterin ist an sich nicht schädlich. Es wird vom Organismus aller höher entwickelten Lebewesen, also auch vom Menschen, zur Herstellung der Gallensäuren und der Steroidhormone (dazu gehören beispielsweise Geschlechtshormone und körpereigenes Cortison) gebraucht und normalerweise bei Bedarf von der Leber bereitgestellt. Überwiegend wird es aus der Nahrung aufgenommen, z. B. aus Eiern, Fleisch und Wurst – und das meist nicht zu knapp! Eine zu hohe Zufuhr kann zu Herz-Kreislauf-Erkrankungen führen.

Cholesterin ist nahezu ausschließlich in tierischen Produkten zu finden. Aber Veganer müssen dennoch keinen Cholesterinmangel fürchten, denn der Körper stellt seinen Bedarf auch selber her. Einen zu hohen Cholesterinspiegel durch überhöhte Zufuhr haben Veganer natürlich nicht zu befürchten.

Ballaststoffe: kein überflüssiger Ballast

Abführmittel gehören zu den frei verkäuflichen Arzneimitteln, die intensiv beworben werden. Auch pflanzliche Abführmittel sind Verkaufsschlager, obwohl sie nicht minder gefährlich sind. Sennesblätter beispielsweise reizen die Darmschleimhaut so stark, dass bei häufigem Gebrauch die Gefahr von Dickdarmkrebs besteht.

Ursache der Verstopfung, die mit diesen Mitteln beseitigt werden soll, ist neben Bewegungsmangel, exzessivem Koffeingenuss und regelmäßigem Alkohol- und Nikotinkonsum vor allem Fehlernährung.

Verdauungsstörungen können ganz unterschiedliche Ursachen haben: Es wird beispielsweise zu viel, zu fett und zu schnell gegessen. Und oft lässt auch der Ballaststoffmangel den Darm träge werden. Das hat sicherlich jeder schon einmal schmerzlich erfahren müssen. Da wird dann schnell nach Säureregulatoren *(Antacida)* oder Abführmitteln gegriffen, um dem Elend abzuhelfen. Gesundheitsbewusstere greifen bestenfalls zu isolierten Ballaststoffen, z. B. aus Kleie.

Die Faserstoffe, die so stiefmütterlich als »Ballast« bezeichnet werden, sind dabei nicht so überflüssig, wie der Ausdruck glauben machen möchte. Sie sind, im Gegenteil, unverzichtbare Nahrungsbestandteile. Quellfähige Füllstoffe, wie sie in Getreide vorkommen, vermitteln ein Sättigungsgefühl und regen durch Dehnungsreize die Darmbewegung an.

In Gemüse und Obst vorkommende wasserlösliche Ballaststoffe sind in der Lage, Cholesterin und Schadstoffe aus dem Darm zu filtern. Auch spielen die unverdaulichen Kohlenhydrate eine wichtige Rolle bei der Vorbeugung vor Dickdarmkrebs. Bei *Diabetes mellitus*, der Zuckerkrankheit, bewirken sie eine Regulierung des Blutzuckerspiegels.

Der Bedarf an Ballaststoffen liegt bei mindestens 30 Gramm pro Tag. Das ist mit einer rein vegetarischen Ernährung leicht zu erreichen, denn zu den Ballaststoffen gehören Zellulose, Hemizellulose, Pektin und auch der Holzbestandteil Lignin, die in jeder Pflanzenzelle vorkommen. Ballaststoffe fehlen aber in allen Nahrungsmitteln tierischer Herkunft.

Die Darmflora

Die natürliche Besiedelung des Dickdarms mit Mikroorganismen wird als Darmflora bezeichnet. In einem gesunden Darm befinden sich die verschiedenen Bakterien in einem natürlichen Gleichgewicht. Sie bauen durch Darmgärung die bis dahin nicht über den Darm aufgenommenen Kohlenhydrate und durch Darmfäulnis die noch unverdauten Eiweiße ab. Diese beiden Vorgänge hemmen sich gegenseitig. Außerdem werden durch die Bakterien die ebenfalls den Dickdarm besiedelnden Hefen im Zaum gehalten.

Solange die verschiedenen Mikroorganismen im Gleichgewicht sind, funktioniert auch die menschliche Verdauung ohne Störungen. Das System, in dem die normalen Darmbakterien schädliche Keime auf einem nicht krankmachenden Niveau halten, ist, wie jedes natürliche Gleichgewicht, sehr empfindlich und störungsanfällig. Bei einem überreichlichen Eiweißangebot beispielsweise kann es leicht zu Verdauungsstörungen kommen, bei denen die Fäulnisprozesse im Darm überhandgenommen haben – die natürliche Darmflora ist gestört.

Schließlich können sich auch Darmhefen, die im Dickdarm normalerweise in nicht krankheitserregender Anzahl vorkommen, so stark vermehren, dass sie Krankheiten auslösen. Besonders der Hefepilz *Candida albicans (Soorpilz)* ist heute auch dem Laien bekannt, denn meist ist er es, der die Candidamykose hervorruft, wenn das natürliche Gleichgewicht von krankmachenden und nicht krankmachenden Mikroorganismen gestört ist. Einen entscheidenden Teil der Ursachen steuert die Ernährung bei.

Pflanzliche Lebensmittel mit relativ hohem Gehalt an Ballaststoffen
(sortiert nach Gehalt)
Leinsamen, Kokosraspel, Kichererbsen, Saubohnen, Sojabohnen, Mohnsamen, Sojamehl (vollfett), Mandeln, Weizenkeime, Roggen, Sesam, Weizen, Quitten, Hafer, Hirse, Kohl, Himbeeren, Fenchel, Möhren, Pastinaken, Rote Bete, Schwarzwurzeln

Nicht nur zur Abwehr von Pilzerkrankungen ist ein gesunder Darm die wichtigste Voraussetzung, auch bei der Entstehung bösartiger Zellwucherungen – dem Krebs – spielen die Ernährung und die Verdauung der Speise gewichtige Rollen (siehe auch Seite 28 ff).

Schadstoffe: Weniger ist mehr

Schadstoffe in Lebensmitteln pflanzlichen oder tierischen Ursprungs lassen sich heute kaum noch völlig vermeiden. Selbst wenn dem Boden keine neuen Gifte zugeführt werden, dauert es eine ganze Weile, bis die »Altlasten« verschwunden bzw. wenigstens auf ein erträgliches Maß reduziert sind. Landwirtschaftliche Betriebe, die mit anerkannt biologischer Bewirtschaftung beginnen wollen, müssen deswegen ihre Ware eine geraume Zeit als *Umstellungsbetrieb* verkaufen, bevor sie das Zertifikat *k. b. A. (kontrolliert biologischer Anbau)* erhalten.

Der Kumulationseffekt

Der Unterschied zwischen dem Schadstoffgehalt in Pflanze und Tier ist recht groß, denn im Verlauf der Nahrungskette potenziert sich der Gehalt an Substanzen, die nicht in die Nahrung gehören, um einiges. Manche Stoffe werden nur sehr langsam oder überhaupt nicht wieder ausgeschieden. Beim Tier kommt das besonders zum Tragen, wenn es sich noch im Wachstum befindet und der Mäster bestrebt ist, das Tier fettzufüttern. Die Giftstoffe sammeln (kumulieren) sich dann im Fettgewebe. Der nächste »Konsument« nimmt dann schon bedeutend mehr Chemie auf, als in der Pflanze ursprünglich nachweisbar war.

Besonders hoch ist die Belastung, wenn Tiere mit tierischen Produkten gefüttert wurden (dabei sind die meisten »Nutztiere« Pflanzenfresser!). Das können Eiweißkonzentrate wie z. B. Tierkörpermehl und ähnlich Ekelerregendes sein, die nicht nur artungerechtes Futter darstellen, sondern auch konzentriert Eiweiß und Fett und extrem viele Schadstoffe enthalten. Über Medikamente, Masthilfsmittel, Schädlingsbekämpfungsmittel, Desinfektionsmittel und schließlich über Zusätze bei der Verarbeitung wird der Chemiecocktail perfekt.

Ein fleischessender Mensch ist also mindestens das dritte Glied in der Kette der immer konzentrierteren Schadstoffbelastung. Das Gift wird von Konsument zu Konsument mehr, es kumuliert.

Vergleichbares geschieht mit Milch und Milchprodukten, aber auch bei den vermeintlich so gesunden Seefischen und anderen Meerestieren.

Auch Süßwasserfische können stark kontaminiert sein. Besonders Raubfische, die sich selbst von Fischen ernähren, sind häufig in hohem Maße mit Schadstoffen belastet.

Meerestiere

Der Eiweißgehalt von Fisch birgt zum einen Risiken in sich, die an anderer Stelle noch erwähnt werden (siehe Seite 26). Aber Fisch hat noch mehr Nachteile, nämlich einen hohen Gehalt an Schwermetallen und anderen Schadstoffen. Krebserregende Chemikalien wie Pestizide und PCB (Polychlorierte Biphenyle) sind z. B. in Fischen und Meeresfrüchten aus dem Mittelmeer nachgewiesen worden. Krebskranke Fische aus der Elbe erschütterten schon vor Jahren die Bevölkerung und führten zu politischen Maßnahmen im Umweltschutz. Heute ist das Problem fast in Vergessenheit geraten, und Elbe und Rhein wetteifern um das Prädikat des saubersten deutschen Flusses.

Die Auswirkungen des Nervengiftes Quecksilber zeigen sich beispielweise an dem Anstieg bestimmter Krankheiten bei Japanern. In Neuguinea, wo Fisch ein Hauptnahrungsmittel ist, wurden vemehrt Zeichen von Nervenschädigungen beobachtet. Das gleiche Phänomen beobachtet man bei Mohawk-Indianern, und kanadische Indianer leiden vermehrt an Nierenschäden, hervorgerufen durch quecksilberreichen Fisch. Bei finnischen Kindern, die Fisch essen, wurde eine starke Belastung mit Quecksilber, Blei, Cadmium und Arsen festgestellt.

Fischöle

Gerade die als Nahrungsergänzungsmittel zur Prävention von Arterienverkalkung und Herzinfarkt empfohlenen Fischöle bergen die Gefahr, dass sich Gifte im Körper ansammeln. Diese Öle stammen aus der Leber der Fische. Die Leber aber kann als Giftfilter des Organismus verstanden werden, weshalb Fischöle noch weitaus höhere Schadstoffkonzentrationen aufweisen als Fischfleisch.

Immer wieder stoßen Vegetarier und Veganer auf den Hinweis, dass Inuit sich fast ausschließlich von Fisch ernähren und dass Arteriosklerose – beispielsweise – in diesen Gesellschaften nahezu unbekannt sei. Das ist sicher richtig. Nur ist den Befürwortern von Nahrungssubstituten und -supplementen offenbar unbekannt, dass Inuit besonders häufig unter Blutgerinnungsstörungen, Nasenbluten und Epilepsie leiden.

Fischöl scheint auch die Funktion des Insulins zu hemmen. Dies ist nicht nur für Diabetiker ein ernsthaftes Problem, denn das Hormon ist für den Abbau von Glucose (Traubenzucker) und dessen Transport in die Körperzellen, z. B. ins Muskelgewebe, verantwortlich, um die mit der Nahrung aufgenommene Energie auch verfügbar zu machen. Wenn dem Organismus zu viel Glucose zur Verfügung steht, sorgt das Insulin zudem noch für den Umbau in ein geeignetes Speichermedium, das Glykogen. Ist diese Funktionsweise gestört, kommt es zur Überzuckerung auf der einen und Energiemangel in den Körperzellen auf der anderen Seite.

Bei all diesen Betrachtungen ist es unverständlich, warum Fischöle als »natürliche Heilmittel« bei Krankheiten wie der Multiplen Sklerose empfohlen werden. Multiple Sklerose ist eine Erkrankung des zentralen Nervensystems. Es bilden sich Entzündungsherde im Gehirn und im Rückenmark, die zu unterschiedlichen und zum Teil reversiblen Ausfällen führen. Es ist inzwischen aber bekannt, dass Fisch neben zahlreichen anderen Umweltgiften auch besonders stark mit Quecksilber belastet sein kann, und Quecksilber ist ein Nervengift. Viele Betroffene lassen sich aus diesem sehr vernünftigen Grund die ebenfalls quecksilberhaltigen Zahnfüllungen aus Amalgam entfernen.

Der mögliche Nutzen von Fischöl steht somit in keinem Verhältnis zu dem großen Schaden, den es anrichtet.

> Da sich Schadstoffe größtenteils im Fettgewebe ablagern und sich dort im Lauf des Lebens zwangsläufig immer größere Mengen ansammeln, sind besonders fetthaltige tierische Lebensmittel und ältere Tiere stark mit Schadstoffen belastet.
>
> Bei pflanzlichen Lebensmitteln – die meist fettarm sind – ist die Schadstoffbelastung wesentlich geringer.

Zivilisationskrank?! Ernährungsbedingte Krankheiten

Krankheiten und Beschwerden durch zu viel tierisches Eiweiß

Übergewicht, Essstörungen, Gicht, Allergien und Krebs sowie sogenannte Autoimmunerkrankungen wie Rheuma und Multiple Sklerose sind Zivilisationskrankheiten, die sehr wahrscheinlich u. a. von konventionellen Ernährungsweisen beeinflusst werden.

Ein Hauptproblem bei diesen Leiden sind häufig die Eiweiße tierischen Ursprungs. Wer aus solchen Gründen in der Ernährung tierisches Eiweiß meiden muss, hat andererseits die Chance zu entdecken, dass es auch ohne tierisches Eiweiß geht und doch nichts fehlt!

Besonders Kinder reagieren oft allergisch auf Eiweiße tierischen Ursprungs, und eine Allergie ist keine Bagatelle, sondern eine Veränderung der Reaktionen im Immunsystem. Eine zunächst kaum wahrzunehmende Sensibilisierung kann beim erneuten Kontakt mit dem Allergen schwere, manchmal sogar lebensbedrohliche Allgemeinreaktionen auslösen.

Bei den Autoimmunerkrankungen ist das Reaktionsschema noch komplexer: Die Verteidigung des Körpers richtet sich gegen körpereigene Stoffe, die als fremd eingestuft und daher angegriffen werden. Bei solchen Fehlreaktionen, die sich z. B. durch rheumatische Krankheiten, Multiple Sklerose und entzündliche Darmerkrankungen wie Morbus Crohn und Colitis ulcerosa äußern, wird auch ein Zusammenhang mit Reaktionen auf körperfremde Substanzen angenommen wie Arzneimittel, Umweltgifte oder eben tierisches Eiweiß.

Die Neurodermitis ist wohl die bekannteste Überempfindlichkeitsreaktion, die teilweise recht erfolgreich mit einer tiereiweißfreien Ernährung therapiert werden kann.

Kuhmilch dient einem Kalb natürlicherweise dazu, sein Geburtsgewicht von etwa 35 kg in 6 Monaten zu verzehnfachen, der Alptraum jedes figurbewussten Menschen – sollte man meinen! Aus einem Ei schlüpft schon nach 21 Tagen ein voll entwickeltes Küken, wenn man es lässt. Eine derartig geballte Energiekonzentration ist für den menschlichen Verzehr ungeeignet und auch nicht vorgesehen. Die menschliche Schwangerschaft dauert nicht 21 Tage, sondern 38 Wochen, ein Menschenbaby ist auch nicht nach 6 Monaten erwachsen.

Prämenstruelles Syndrom

Auch beim prämenstruellen Syndrom, unter dem viele Frauen einige Tage vor der Menstruation leiden, scheint tierisches Eiweiß eine Rolle zu spielen. Symptome wie Schmerzen in der Brust, Wassereinlagerungen mit einer Gewichtszunahme von bis zu vier Kilogramm, Blähungen und Stuhlverstopfung, Kopfschmerzen, Übelkeit, Erbrechen, Schlafstörungen und depressive Verstimmung sind nur ein paar Phänomene, die Monat für Monat auftreten können. Vermutlich ist ein Östrogenüberschuss die Ursache des Übels, und darauf fußen auch die Therapieversuche der Schulmedizin: Es werden östrogenhemmende Medikamente auf Gestagenbasis, Beruhigungsmittel, Antidepressiva und harntreibende Mittel verabreicht.

Bei Beschwerden vor und während der Menstruation ist es besonders ratsam, das tierische Eiweiß ganz vom Teller zu bannen, denn diese Beschwerden werden teilweise durch Prostaglandine, lebenswichtige hormonähnliche Substanzen, die aus der z. B. in tierischen Fetten vorkommenden Arachidonsäure synthetisiert werden, ausgelöst.

Die Funktion dieser Substanzen, die glatte Muskulatur – das ist die Muskulatur der inneren Organe (Magen, Darm, Blase, Gebärmutter) – zu stimulieren, und ihre Beteiligung an Entzündungen hat sicher fast jede Frau schon mal verflucht. Die Übeltäter werden dann gewöhnlich mit Prostaglandinsynthesehemmern wie *Acetylsalicylsäure* (dem Wirkstoff von *Aspirin)* in Schach gehalten. Jeden Monat aufs Neue. Mit dem Verzicht auf tierisches Eiweiß wird die ganze Misere nachhaltiger behoben, natür-

Die Schweizer Ärztin und Pflanzenheilkundlerin Dr. Catherine Kousmine und Rina Nissim vom Feministischen Gesundheitszentrum in Genf machen den Vorschlag, in der Woche vor der Menstruation auf tierisches Eiweiß zu verzichten, um die Leber zu entlasten, und mehr Magnesium und Calcium – im Verhältnis 250 mg Magnesium auf 125 mg Calcium pro Tag – aufzunehmen. So kann das prämenstruelle Syndrom wirksam behandelt werden.

lich nicht so schnell wie mit einer Tablette, dafür aber ohne unerwünschte Nebenwirkungen.

Gicht und Harnsäuresteine

Wie das Cholesterin zu den tierischen Fetten gehört, so gehört die Harnsäure zum tierischen Eiweiß.

Harnsäure ist ein Stoffwechselendprodukt, das aus den mit der Nahrung aufgenommenen Nucleinsäuren – besser bekannt als Purine – entsteht. Normalerweise wird die Harnsäure wie alles andere Unbrauchbare ausgeschieden – in diesem Fall mit dem Urin. Da die Harnsäure nur in basischen Flüssigkeiten lösbar ist, kristallisiert sie im sauren Urin aus. Harnsäuresteine (Uratsteine) sind die Folge.

Durch Ansäuerung des Blutes, wozu es nach Fleischverzehr stärker als nach Pflanzenkonsum kommt, steigt auch der Harnsäurespiegel im Blutserum. Auf Dauer droht eine Ablagerung der Harnsäurekristalle in den Gelenken, die Gicht.

Übersäuerung

Das Blut des menschlichen Organismus ist natürlicherweise schwach alkalisch (mit einem pH-Wert zwischen 7,35 und 7,45). Puffersysteme sorgen für die Erhaltung dieses Milieus und gleichen Schwankungen aus. Dennoch kann der Säure-Basen-Haushalt aus dem Gleichgewicht geraten, man spricht dann von Acidose bzw. Alkalose. An den Entgleisungen können verschiedene Ursachen beteiligt sein. Die Nahrung spielt neben Stoffwechselstörungen, Fieber, Flüssigkeitsverlust und Infektionen ebenfalls eine Rolle.

Die Einteilung der Lebensmittel nach ihrer Wirkung auf den Säure-Basen-Haushalt geschieht nach ihrer Stoffwechselwirkung im Körper. Der Gehalt von Säuren oder Basen in Lebensmitteln lässt zunächst nicht auf diese Wirkung schließen.

Besonders tiereiweißhaltige Nahrungsmittel bilden einen Säureüberschuss, denn der enthaltene Phosphor und Schwefel werden im Verdauungsablauf zu Schwefel- bzw. Phosphorsäure umgewandelt. Zur Neutralisation und zur Ausscheidung der Säuren über die Nieren und die ableitenden Harnwege werden dem Körper Kalium, Natrium und Calcium entzogen. Tierisches Eiweiß ist demnach für die Übersäuerung des Organismus hauptverantwortlich.

Neben etlichen anderen Beschwerden führt eine chronische Übersäuerung durch Eiweiß tierischer Herkunft auch zur Erhöhung des Risikos, an Krebs zu erkranken.

Die Säurebelastung beeinträchtigt die Zellatmung und stört damit das normale Wachstum.

Krebs

Krebs kann als *die* Zivilisationskrankheit schlechthin bezeichnet werden, denn statistisch gesehen erkrankt je-

Säure- und basenbildende Lebensmittel

Säurebildend
Fleisch, Wurst, Eier, Weißbrot, Zwieback, Knäckebrot, Butter, Milch, alkoholische Getränke, Kaffee, Schwarztee, Kakao, Walnüsse, Erdnüsse, Paranüsse, Reis, Rosenkohl, Artischocken, Erbsen, Teigwaren

Basenbildend
Auberginen, Blumenkohl, Spinat, Tomaten, Kopfsalat, Gurken, Kartoffeln, Karotten, Feigen, Orangen, Aprikosen, Bananen, Birnen, Pfirsiche, Weintrauben, Äpfel, Erdbeeren, Rosinen, Ananas, Molke, Margarine, Kefir, Mineralwasser, Kräutertee

der vierte Mensch in Mitteleuropa irgendwann in seinem Leben daran. Auslöser sind sowohl äußere Einflüsse wie falsche Ernährung, Genussmittel (den Gebrauch von Giften als »Genuss« zu bezeichnen, ist dabei mehr als fragwürdig) und Umweltgifte als auch innere Faktoren wie genetische Veranlagung und psychische Einflüsse. Vor allem aber das Zusammentreffen mehrerer Faktoren führt letztlich zur Entstehung der Krankheit Krebs, die Ernährung ist nicht unwesentlich.

Mit der Entscheidung für eine gesunde Ernährung kann man selbst dazu beitragen, das Krebsrisiko zu vermindern. Das bedeutet Verantwortung und die Chance, das eigene Leben in die Hand zu nehmen und zu gestalten. Trotz zunehmender Umweltverschmutzung gibt es Möglichkeiten, Dinge auszuwählen – auch in Bezug auf die Nahrung.

Aber auch verschiedene Inhaltsstoffe, die natürlicherweise in der Normalkost vorkommen, oder der Mangel an wichtigen Inhaltsstoffen können zur Entwicklung von bösartigen Tumoren führen. So können z. B. der hohe Fettverzehr und der Mangel an Ballaststoffen an der Entstehung von Darmkrebs beteiligt sein.

Zu Beginn der achtziger Jahre wurde in den USA eine Feldstudie an 90.000 Frauen durchgeführt, die den Zusammenhang von Fleischkonsum und dem Auftreten von Krebserkrankungen klären sollte. Dabei wurden alle zwei Jahre die Lebens- und Ernährungsgewohnheiten und das Auftreten von Krebs und anderen Leiden erfasst. Die Auswertung ergab schließlich einen deutlichen Zusammenhang zwischen dem Verzehr von Fleisch und tierischem Fett und Dickdarmkrebs – unabhängig von anderen Risikofaktoren. Pflanzliches Fett erhöhte das Risiko nicht, aber Frauen mit geringem Obstverzehr schienen besonders gefährdet zu sein. Die Forscher erklärten ihr Untersuchungsergebnis mit einer erhöhten Bildung von Gallensäuren durch den Fleischkonsum. Besonders fettreiche Nahrung fördert die Produktion von diesem Verdauungssekret, das im Tierversuch als Auslöser von Tumorbildung im Darm erkannt wurde.

> Inzwischen gibt es eine Fülle von Ratschlägen zur alternativen Behandlung von Krebs. Die meisten dieser Behandlungsversuche beinhalten Ernährungsumstellungen.
>
> Diäten nach *Bell, Brandt, Ermer, Fere, Issels, Kelley, Kuhn, Livingstone, Nieper, Olney, Passwater, Schmidt/Ferenczi* und *Waerland* sind alle vegetarische Ernährungsformen, die zudem noch einen hohen Anteil an Rohkost im täglichen Speiseplan empfehlen. Sie werden alle zur Vorbeugung und Behandlung von Krebs empfohlen. Denn auf diese Weise wird zum einen der Darm von schädlichen Nahrungsresten gereinigt, zum anderen der Körper mit genügend Vitaminen, Mineralien und Spurenelementen versorgt und zudem das Säure-Basen-Verhältnis des Körpers optimiert.

Obst dagegen vermindert durch seine basenproduzierende Wirkung die schädlichen Auswirkungen von zu viel Gallensäure.

Verglichen mit den Vegetarierinnen erkrankten die Frauen, die einmal täglich Fleisch als Hauptmahlzeit verzehrten, zweieinhalbmal häufiger an Dickdarmkrebs, so das Ergebnis dieser Studie. Weitere Risikofaktoren wie Übergewicht, Koffein, Nikotin, Alkohol und ballaststoffarme Ernährung erhöhten das Risiko noch weiter.

Studien, die den Zusammenhang von Milch- und besonders von Käsekonsum mit der Bildung von Tumoren untersuchen, sind immer noch rar.

Pflanzliche Nahrungsmittel: die grüne Macht

Unbestrittene Tatsache ist, dass VegetarierInnen und VeganerInnen sehr viel seltener an Übergewicht, Verstopfung, Bluthochdruck, koronarer Herzkrankheit, Diabetes oder Gallensteinen leiden. Ebenfalls schneiden sie statistisch besser ab, wenn es um die Risiken von Lungen-, Dickdarm-, Brust- und Bauchspeicheldrüsenkrebs geht. Zusätzlich zu diesen gesundheitlichen Vorteilen leiden Veganerinnen und Veganer deutlich seltener an Fettsucht, Gicht oder Fettstoffwechselstörungen.

Obwohl diese Vorteile kaum mehr bestritten werden, ist die Angst vor einer Mangelversorgung bei rein pflanzlicher Kost groß.

Genießen ohne tierische Lebensmittel?

Pflanzen auf dem Teller – egal ob roh, gedünstet, gebacken, gebraten oder gekocht – können mehr als Krankheiten vermeiden helfen. Sie liefern wertvolle Nährstoffe, Vitamine, Mineralstoffe und sekundäre Pflanzenstoffe, die wichtig für Gesundheit und Wohlbefinden sind. Das alles sind nahezu unschlagbare Argumente für eine vegane Ernährungsweise.

Die Umstellung der Ernährung wird jedoch häufig von Bedenken begleitet. Der Rat des Arztes und zahlreicher Informationsbroschüren, *weniger* Fleisch zu essen, hilft bei Beschwerden wenig weiter, denn häufig sind die Betroffenen mit der Ernährungsumstellung überfordert. Konkrete Tipps und Hinweise für eine genussvolle Alternative fehlen. Nicht der Verzicht sollte im Vordergrund stehen, sondern das Entdecken neuer Geschmackserlebnisse! Denn Verzicht bedeutet, dass man etwas, was man eigentlich unbedingt haben möchte, aus irgendeinem Grund ablehnt oder einfach nicht bekommt, und das ist frustrierend! Unbefriedigende Mahlzeiten wiegen da schwerer als jedes vernünftige Argument.

Eine vegane, vollwertige Mahlzeit ist keineswegs nur ein Ersatz. Und die neue Art zu kochen wird nicht nur Zunge und Gaumen erfreuen, sondern auch dem gesamten Körper wohltun!

Ernährungsrichtlinien als Orientierungshilfen

Für fast alles in unserem Alltag gibt es Empfehlungen und Vorschriften

Empfehlungen für die Tageszufuhr für erwachsene Menschen zwischen 25 und 65 Jahren (nach DGE):

	Frauen	Männer
Eiweiß (pro kg Körpergewicht)	0,8 g	0,8 g
Calcium	1000 mg	1000 mg
Magnesium	300 mg	350 mg
Eisen	15 mg	10 mg
Jod	200 µg	200 µg
Vitamin A	0,8 mg	1 mg
Vitamin D	5 µg	5 µg
Vitamin E	12 mg	14 mg
Vitamin K	60 µg	70 µg
Vitamin C	100 mg	100 mg
Vitamin B_1	1,0 mg	1,2 mg
Vitamin B_2	1,2 mg	1,4 mg
Vitamin B_6	1,2 mg	1,5 mg
Vitamin B_{12}	3 µg	3 µg
Niacin	13 mg	16 mg
Folsäure	400 µg	400 µg
	(600 µg für Schwangere und Stillende)	
Biotin	30 – 60 µg	30 – 60 µg

und vieles mehr, das dazu geeignet ist, uns den Spaß zu verderben, und ein schlechtes Gewissen hinterlässt, wenn man sich nicht strikt daran hält. Dennoch gibt es Richtwerte, die zwar nicht für die tägliche Erstellung des Speiseplans geeignet sind, aber als Maßstab dienen können, um die rein pflanzliche Ernährung auf mögliche Schwachpunkte hin zu überprüfen (siehe Tabelle oben).

Nach Meinung von konservativen Medizinern und fleischliebenden Laien sind Vegetarier – und erst recht Veganer – mit einigen dieser Nährstoffe, Vitamine, Mineralstoffe und Spurenelemente unterversorgt. Dass solche Befürchtungen in fast allen Fällen unbegründet sind, soll im Folgenden verdeutlicht werden.

Mineralstoffe: auch in Pflanzen reichlich vorhanden

Eisen

Die Versorgung mit Eisen wird in der vegetarischen und in der veganen Ernährung viel diskutiert. Doch auch Mischköstler leiden häufig unter Eisenmangel.

Unverzichtbar am Aufbau des roten Blutfarbstoffs (Hämoglobin) beteiligt, ist Eisen ein lebenswichtiges Element. Frauen im gebärfähigen Alter sind häufig durch den allmonatlichen Blutverlust damit unterversorgt und Frauen, die zudem noch Blut spenden, sind besonders gefährdet.

Eine Eisenmangelanämie entsteht aber nur sehr selten durch zu wenig Eisen in der Nahrung, wie etwa bei extremer Unterernährung. Hauptgründe sind eher starke oder chronische versteckte Blutverluste, mangelhafte Aufnahme aus der Nahrung oder unzureichende Ausnutzung des über die Nahrung angebotenen Eisens.

> Eine hervorragende Möglichkeit, die Eisenaufnahme zu erhöhen, ist die Kombination mit Vitamin C. Leider ist dieses wohl bekannteste Vitamin sehr hitzeempfindlich. Eine phänomenale Ausnahme sind dabei die *Nori-Algen*: Ihr Vitamin-C-Gehalt wird durch Erhitzen offensichtlich nicht beeinflusst.
>
> Verschlechtert wird die Eisenaufnahme ganz wesentlich durch Kaffee oder schwarzen Tee, der gleichzeitig oder bis zu einer Stunde nach einer eisenhaltigen Mahlzeit getrunken wird.

> **Besonders eisenhaltige pflanzliche Lebensmittel**
> (sortiert nach Gehalt)
> Ingwer, Sesamsamen, Mohnsamen, Hirse, Amarant, Leinsamen, Weizenkeime (getrocknet), Quinoa, Linsen, Pistazienkerne, Kichererbsen, Sojabohnen, weiße Bohnen, Hafer, Roggen, getrocknete Aprikosen, Grünkern, Spinat, Kokosraspel, Portulak, Schwarzwurzeln

Viele pflanzliche Nahrungsmittel enthalten durchaus respektable Mengen dieses Mineralstoffs. Es lässt sich nicht leugnen, dass Eisen aus pflanzlicher Nahrung weniger gut aufgenommen wird als solches aus tierischen Lebensmitteln. Das spricht aber noch lange nicht dafür, dass nur tierische Lebensmittel die Eisenversorgung sichern können. Denn die Eisenaufnahme kann durch Kombination mit Vitamin C deutlich erhöht werden, sodass kein Mangel befürchtet werden muss.

Michael Klaper, Professor für Medizin in Chicago, schlägt vor, zweimal in der Woche gusseiserne Töpfe zum Kochen zu benutzen, was die Speisen deutlich mit Eisen anreichern soll.

Calcium

Calcium benötigt der menschliche Organismus u. a. zum Aufbau der Knochen und Zähne, jedem milchhassenden Kind ist das bekannt, denn wer will nicht »groß und stark werden«? Calcium hat aber noch andere Funktionen. So spielt es eine große Rolle bei der Blutgerinnung, sorgt für eine normale Muskel-, Nerven- und Herzmuskelerregung und löst die Muskelkontraktionen aus.

Milch und Milchprodukte sind keinesfalls geeignet, der Osteoporose vorzubeugen – im Gegenteil. Eiweißüberschuss kann dem Körper Calcium aus den Knochen entziehen, sie werden porös und brüchig. Besonders Frauen fürchten sich vor diesem Knochenschwund, denn auch hormonelle Veränderungen wie die Wechseljahre, die Entfernung der Eierstöcke oder sogenannte *hormonelle Kontrazeptiva*, besser bekannt als *die Pille*, entziehen den Knochen Calcium. Auch Medikamente (z. B. Cortison) sowie Rauchen und Alkoholgenuss sind für den Calciumentzug mitverantwortlich.

Viel Bewegung an der frischen Luft ist dagegen eine sinnvolle Möglichkeit der Osteoporose-Prophylaxe: Calcium wird nämlich im Darm unter Mitwirkung von Vitamin D aufgenommen. Vitamin D wiederum entsteht aus seinen Vorstufen, sogenannten Provitaminen, in der Haut u. a. durch Einwirkung von UV-Strahlung.

Besonders calciumhaltige pflanzliche Lebensmittel
(sortiert nach Gehalt)
Sesamsamen, rohe Hagebutten, Mandeln, Haselnüsse, Amarant, Grünkohl, Sojabohnen, ungeschälter Leinsamen, getrocknete Feigen, Spinat, Kichererbsen, Brokkoli, Fenchel, weiße Bohnen, Mangold, Korinthen, getrocknete Aprikosen

Eine amerikanische Studie mit Frauen, die dreimal täglich einen Viertelliter Milch tranken, zeigte, dass diese trotz des hohen Calciumgehaltes der Milch weiterhin Calcium aus den Knochen verloren und diese negative Bilanz beibehielten, als sie zusätzlich 1,5 Gramm, also mehr als das Anderthalbfache des täglichen Bedarfs in Tablettenform zu sich nahmen. Dieses überraschende Ergebnis war der Anlass zu weiteren Forschungen.

Als Grund für den Calciumverlust wird der hohe Eiweißgehalt der Milch vermutet. Diese hohe Eiweißkonzentration scheint für die geringe Calciumaufnahme verantwortlich zu sein.

Eiweiß kann nicht gespeichert werden, das heißt, dass das ganze aufgenommene Eiweiß, das über den eigentlichen Bedarf hinausgeht, gespalten und über die Nieren ausgeschieden wird. Nach einer Eiweißmahlzeit muss deshalb das Blut von dem Überfluss gereinigt werden. Das sind Eiweißabbauprodukte wie Ammoniak, Harnstoff und Harnsäure.

Die Nieren bekommen eine Menge zu tun, und mit der Ausscheidung von Abfallprodukten des Eiweißabbaus geht auch Calcium über die Nieren verloren.

Milch enthält zudem beträchtliche Mengen an gesättigten Fettsäuren, und ihre Phosphate sind in der Lage, die Calciumausscheidung zu erhöhen. Oft ist Milch nicht unerheblich mit Pestiziden verunreinigt. Nicht zu vernachlässigen ist zudem das Potential der Milch und ihrer Produkte, bei empfindlichen Menschen Allergien auszulösen.

Magnesium

Magnesium ist ein lebenswichtiger Mineralstoff. Es ist beteiligt an zahlreichen Enzymreaktionen, z. B. beim Abbau von Eiweiß, Fett und Kohlenhydraten. Es sorgt auch dafür, dass die Calciumkonzentration im Blut stabil ist. Ein Mangel macht sich u. a. durch Krämpfe – im günstigsten Fall nächtliche Waden- und Zehenkrämpfe, im ungünstigsten Fall epilepsieartige Krampfanfälle – bemerkbar. Aber auch bei dem *prämenstruellen Syndrom (PMS)*, von dem viele Frauen einige Tage vor der Regelblutung betroffen sind, scheint es eine Rolle zu spielen.

Veganer werden bei bewusster Lebensmittelauswahl kaum unter ernährungsbedingtem Magnesiummangel leiden müssen. Wie das Eisen das Zentralatom im Hämoglobin ist, so ist Magnesium das Zentralatom in Chlorophyll, dem grünen Blattfarbstoff.

Besonders magnesiumhaltige pflanzliche Lebensmittel
(sortiert nach Gehalt)
Sesamsamen, Mohnsamen, Amarant, Cashewkerne, Quinoa, Sojamehl (vollfett), getrocknete Weizenkeime, Sojabohnen, Mandeln, Hirse, ungeschälter Reis, Kichererbsen, Dinkel, Hafer, Weizen, Gerste

Zink, Selen und Jod

Zink ist ein Spurenelement, das in Vollkorngetreide und Hülsenfrüchten vorkommt. Es ist ein essentielles Spurenelement und Bestandteil vieler Enzyme. Als solches sorgt es für die Wundheilung, das Funktionieren des Immunsystems und für geistige Beweglichkeit.

Selen sorgt als Radikalfänger für den Schutz vor Zellschädigungen. Damit hat es auch eine krebshemmende Wirkung.

Jod ist als essentieller Bestandteil der Schilddrüsenhormone in jodier-

Besonders zinkhaltige pflanzliche Lebensmittel
(sortiert nach Gehalt)
Weizenkleie, Weizenkeime, Bierhefe, Sojamehl (vollfett), Hafer, Weizen, Linsen, Cashewkerne, Erbsen, Gerste, weiße Bohnen, Mais, Hirse, Sojabohnen, Roggen, Reis, Kichererbsen

tem Speisesalz (und damit in fast allen Speisen), Meersalz und Algen zu finden (siehe »Was kommt in den Topf?« Seite 43 ff). Es ist am reibungslosen Funktionieren des Kohlenhydrat-, Eiweiß-, und Fettstoffwechsels beteiligt, am Wachstumsprozess bei Kindern und an der Regulation des Fett- und Cholesterinspiegels im Blut.

Besonders selenhaltige pflanzliche Lebensmittel
(sortiert nach Gehalt)
Kokosnuss, Weizenkeime, Weizenkleie, Paranüsse, Sojabohnen, Rosenkohl, Mais, weiße Bohnen, Reis, Linsen, Gerste

Besonders jodhaltige pflanzliche Lebensmittel
(sortiert nach Gehalt)
Jodiertes Speisesalz, Meeresalgen, Feldsalat, Meersalz, Champignons, Brokkoli, Grünkohl, Erdnüsse, Möhren, Erbsen, Spinat, Cashewkerne, Ananas

Früher litt hierzulande die Bevölkerung dort, wo die Auswaschung der Böden groß und die Nord- und Ostsee mit ihrem Salzgehalt fern sind – und der Tisch noch überwiegend mit regionalen Lebensmitteln gedeckt war –, häufig unter einer sogenannten *Struma*, besser bekannt als Kropf. Heute gibt es keine regionalen Unterschiede mehr in der Kropfhäufigkeit, da die hauptsächliche Versorgung mit regionalen Lebensmitteln kaum noch üblich ist. Dennoch gilt Deutschland auch heute noch als Jodmangelgebiet.

Jod ist mit großer Vorsicht zu dosieren, der Bedarf liegt mit 180 – 200 µg sehr niedrig: Ein µg ist ein Millionstel Gramm. Jodtabletten sind Arzneimittel und gehören in die Hand eines oder einer »Heilkundigen«.

Der *Pschyrembel* – die »Bibel« der westlichen Schulmedizin – empfiehlt daher auch zur Prophylaxe des Jodmangelkropfs ganz lapidar nicht etwa Seefisch, sondern jodiertes Speisesalz.

Der gesundheitsbewusste Mensch braucht nun aber nicht damit anzufangen, seine Suppe zu versalzen, denn mit 10 g jodiertem Speisesalz wäre er schon fast mit Jod überversorgt; hinzu kommt noch der natürliche Gehalt in Gemüse, Hülsenfrüchten und Nüssen. Auch Brot wird üblicherweise mit Meersalz oder jodiertem Salz gebacken. Sie können also ruhig weiterhin sparsam mit Salz umgehen, ohne einen Jodmangelkropf befürchten zu müssen.

Vitamine: Gemüse ist Trumpf

Niemand käme wohl grundsätzlich auf den Gedanken, Vegetarier litten unter Vitaminmangel. Obst und Gemüse sind schließlich gesund, und auch die Milch ist für ihren vermeintlich hohen gesundheitlichen Wert bekannt.

Problematischer wird es schon bei der rein vegetarischen, der veganen Ernährung. Sie gilt bei vielen immer noch als ungesund, da die rein pflanzliche Nahrung als einseitig bewertet wird. Darum sollen hier einige Vorurteile ausgeräumt werden.

Vitamin A

Vitamin A gehört zu den fettlöslichen Vitaminen. Es ist am Sehvorgang beteiligt, ebenso wie an der Fruchtbarkeit des Mannes und dem normalen Schwangerschaftsverlauf. In Überdosierung wirkt Vitamin A toxisch, besonders für das ungeborene Kind.

Man findet dieses Vitamin in seinen Vorstufen, den Carotinoiden, in Obst und Gemüse. Im Gegensatz zum Vitamin A sind Carotinoide nicht überdosierbar, ein Überschuss wird ausgeschieden.

Besonders carotinhaltige pflanzliche Lebensmittel
(sortiert nach Gehalt)
Möhren, Löwenzahn, Süßkartoffeln, Petersilie, roher Grünkohl, Fenchel, gekochter Grünkohl, Feldsalat, Spinat, Mangold, Bleichsellerie, getrocknete Aprikosen

Die Umwandlung von Carotinoiden in das aktive Vitamin wird durch Fett begünstigt. Daher ist es ratsam, gleichzeitig in der Mahlzeit auch etwas Fett aufzunehmen.

Vitamin E

Vitamin E, ein fettlösliches Vitamin, zählt zu den natürlichen Antioxidantien. Es besitzt die Fähigkeit, aggressive Sauerstoffradikale unschädlich zu machen und dadurch die Zellmembranen zu schützen.

Besonders Vitamin-E-haltige pflanzliche Lebensmittel
(sortiert nach Gehalt)
Leinsamen, Sonnenblumenöl, Distelöl, Sojaöl, Sesamöl, Haselnüsse, Mandeln, getrocknete Weizenkeime, Sonnenblumenkerne, Margarine, Erdnüsse

Als Radikal wird in der Chemie ein Molekül bezeichnet, das ein freies Elektron besitzt und deswegen sehr gut mit anderen Molekülen reagiert. In der alternativen Krebstherapie spielt Vitamin E deswegen schon seit Längerem eine große Rolle.

Tierische Produkte weisen allerdings nur geringe Vitamin-E-Gehalte auf, unschlagbar sind dagegen kaltgepresste Öle, Getreide und Gemüse.

Vitamin D

Vitamin D, ebenfalls ein fettlösliches Vitamin, fördert die Calcium- und Phosphoraufnahme über den Darm und deren Verwertung über die Nieren und in den Knochen (Aufbau von mineralischer Knochensubstanz). Da es auch unter Sonneneinstrahlung unter der Haut gebildet wird, ist eine Mangelversorgung hierzulande nur in den Wintermonaten und bei mangelnder Sonnenexposition zu befürchten. Im Winter sind deshalb gegebenenfalls Nahrungsergänzungsmittel empfehlenswert.

Besonders Vitamin-D-haltige pflanzliche Lebensmittel
(sortiert nach Gehalt)
Pilze, Algen

Vitamin K

Auch Vitamin K gehört zur Gruppe der fettlöslichen Vitamine. Es sorgt für die ordnungsgemäße Blutgerinnung. Vitamin K ist reichlich in Pflanzen enthalten, ein Mangel durch ungenügende Zufuhr kann somit nicht entstehen.

Besonders Vitamin-K-haltige pflanzliche Lebensmittel
(sortiert nach Gehalt)
Grünkohl, Portulak, Spinat, Rosenkohl, Brokkoli, Blumenkohl, Kopfsalat, Sauerkraut, Hafer, Mais, Avocados

Vitamin B_1, B_2 und B_6

Die Versorgung mit Vitamin B_1 (Thiamin) gilt nicht nur bei Pflanzenköstlern, sondern auch bei Mischköstlern als kritisch. Dabei kommt es in fast allen pflanzlichen Lebensmitteln vor. Es spielt eine Rolle bei der Regulation des Kohlenhydratstoffwechsels. In der Schwangerschaft und Stillzeit ist

Besonders Vitamin-B_1-haltige pflanzliche Lebensmittel
(sortiert nach Gehalt)
Weizenkeime, Sojabohnen, Sesamsamen, Sonnenblumenkerne, Mohnsamen, Amarant, Erdnüsse, Sojamehl (vollfett), Erbsen, Hafer, weiße Bohnen, Kichererbsen, Weizen, Linsen, Naturreis, Haselnüsse, Roggen, Buchweizen

Besonders Vitamin-B_2-haltige pflanzliche Lebensmittel
(sortiert nach Gehalt)
Weizenkeime, Kokosraspel, Mandeln, Sojabohnen, Erbsen, Linsen, Sesamsamen, Cashewkerne, Mais, Haselnüsse, weiße Bohnen, Brokkoli, Grünkohl, Spinat, Gerste, Roggen, Hafer, Erdnüsse, Sonnenblumenkerne, Weizen

Besonders Vitamin-B_6-haltige pflanzliche Lebensmittel
(sortiert nach Gehalt)
Sojabohnen, Hafer, Sonnenblumenkerne, Linsen, Buchweizen, Gerste, weiße Bohnen, Hirse, Erdnüsse, Haselnüsse, Roggen, Grünkern, Naturreis, Paprika, Weizen, Kichererbsen

der Bedarf erhöht, ebenso bei exzessivem Alkoholkonsum.

Vitamin B_2 wirkt ebenfalls regulierend im Stoffwechsel. Auch die Versorgung mit diesem Vitamin gilt bei Veganern als problematisch, da es vermeintlich vorwiegend in Milch, Milchprodukten, Fleisch und Eiern zu finden ist. Aber auch Getreide, Hülsenfrüchte und Nüsse haben hohe Gehalte an Vitamin B_2. Unschlagbar ist die Sojabohne!

Vitamin B_6 gilt in der veganen Ernährung häufig ebenfalls als ungenügend vorhanden. Es ist wichtig im Aminosäurestoffwechsel und damit unentbehrlich bei der Eiweißversorgung und Wirkung der Steroidhormone (Östrogene, Gestagene, Androgene, Kortikoide). Außerdem trägt es dazu bei, die Bindungsfähigkeit von Sauerstoff an die roten Blutkörperchen zu erhöhen. In pflanzlichen Lebensmitteln ist es, entgegen vieler Befürchtungen, in ausreichender Menge vorhanden.

Biotin, Folsäure und Niacin

Biotin, Folsäure und Niacin gehören ebenfalls zur Gruppe der B-Vitamine. Bei Biotin kommt eine Mangelversorgung aufgrund des geringen Bedarfs nur selten vor (möglich aber z. B. bei Alkoholkrankheit oder bei häufigem Verzehr von rohen Eiern). Als Conezym spielt es unter anderem eine Rolle beim Abbau von Eiweißen.

Folsäure hat als Coenzym ähnliche Aufgaben im Stoffwechsel wie Biotin. Man findet sie ausschließlich in Pflanzen, dennoch – oder vielleicht gerade darum – zählt sie in vielen Bevölkerungsschichten zu den kritischen Vitaminen; der Bedarf ist besonders bei Säuglingen, die nicht gestillt werden, Schwangeren und stillenden Müttern sowie in der Pubertät erhöht.

Niacin ist als Coenzym an zahlreichen wichtigen Stoffwechselprozessen beteiligt.

Wichtig zu wissen ist auch, dass die B-Vitamine alle wasserlöslich sind. Sie können daher – einerseits – durch die normale Nahrungsaufnahme nicht überdosiert werden, da ein Zuviel einfach ausgeschieden wird. Andererseits können sie aber aus demselben Grund nicht gespeichert

Besonders biotinhaltige pflanzliche Lebensmittel
(sortiert nach Gehalt)
Sojabohnen, Erdnüsse, Erbsen, Weizenkeime, Hafer, Reis

Besonders folsäurehaltige pflanzliche Lebensmittel
(sortiert nach Gehalt)
Weizenkeime, Kichererbsen, Sojabohnen, Sojamehl (vollfett), weiße Bohnen, Grünkohl, Rosenkohl, Erdnüsse, Linsen, Erbsen, Spinat, Roggen

Besonders niacinhaltige pflanzliche Lebensmittel
(sortiert nach Gehalt)
Erdnüsse, Austernpilze, Reis, Weizen, Sesamsamen, Gerste, Champignons, Weizenkeime

werden. Die tägliche Versorgung sollte also sichergestellt sein.

Vitamin B_{12}

Patienten, die auf Grund eines Verdachts auf eine neurologische oder psychiatrische Erkrankung in einem Krankenhaus behandelt werden oder die sich wegen Blutarmut in ärztlicher Behandlung befinden, können fast sicher sein, dass bei ihnen unter anderem auch ein Urin-Exkretionstest, der sogenannte Schilling-Test durchgeführt wird. Dabei wird festgestellt, ob ein Vitamin-B_{12}-Mangel vorliegt oder ob bei ihnen die Fähigkeit, Vitamin B_{12} aus der Nahrung aufzunehmen, gestört ist. Häufig müssen sich besonders VeganerInnen bei einem Klinikaufenthalt diesem Test unterziehen.

Der Grund für diese Besorgnis liegt darin, dass pflanzliche Produkte das Vitamin B_{12} (Cobalamin) gar nicht oder nur unzureichend liefern. Dieses Vitamin wird nur von Mikroorganismen (Bakterien) gebildet und kommt nur in tierischen Lebensmitteln vor. Im Körper ist es für die Bildung der roten Blutkörperchen und den Schutz der Nervenfasern zuständig. Auch ein anderes Vitamin, die Folsäure, benötigt Vitamin B_{12}, damit es seine wichtigen Funktionen erfüllen kann.

Fermentierte Lebensmittel wie Sauerkraut und Miso oder Algen sind entgegen früherer Annahmen keine guten Lieferanten für diesen lebensnotwendigen Nährstoff. Sie enthalten zwar einen mit Vitamin B_{12} verwandten Stoff, der aber für die Versorgung wertlos ist.

Auch die Produktion von Cobalamin im Darm kann vermutlich nicht zur Versorgung beitragen. Die menschlichen Darmbakterien produzieren zwar Vitamin B_{12} mit Hilfe von Ballaststoffen, allerdings erst jenseits der Stellen, in denen im Körper Nährstoffe ans Blut abgegeben werden können. Das Vitamin verlässt daher unverwertet den Körper. Allerdings sind Mangelerscheinungen bei gefüllten Speichern meist erst nach einem sehr langen Zeitraum zu erwarten. Der menschliche Körper benötigt nur sehr geringe Mengen von diesem Vitamin und kann außerdem bis zu zehn Jahre auf das in der Leber gespeicherte Cobalamin zurückgreifen.

Dennoch ist es empfehlenswert, den Vitamin-B_{12}-Status im Blut untersuchen zu lassen und auf Warnsignale des Körpers zu achten. Im Bedarfsfall kann dann die Versorgung beispielsweise durch Sojaprodukte, die mit Vitamin B_{12} angereichert wurden, oder durch Präparate, die wirksames Cobalamin enthalten, sichergestellt werden.

Vitamin-B_{12}-Präparate werden mit Hilfe von Mikroorganismen gewonnen. Es sollte möglichst ein Monopräparat, das nur dieses Vitamin enthält, gewählt werden und darauf geachtet werden, dass es keine bedenklichen (und tierischen!) Zusätze enthält.

Eine Nahrungsergänzung durch Algen- oder Hefepräparate trägt nicht zu einer Versorgung bei.

Vitamin C

Dieses wasserlösliche Vitamin ist das wohl bekannteste Vitamin; seine positive Wirkung bei Erkältungskrankheiten kennen alle. Es kann aber noch mehr, als das Immunsystem zu stimulieren, denn es fördert die Eisenaufnahme aus der Nahrung (siehe auch Seite 33) und hemmt die Bildung der krebserregenden Nitrosamine.

Besonders Vitamin-C-haltige pflanzliche Lebensmittel
(sortiert nach Gehalt)
rohe Hagebutten, Sanddorn, schwarze Johannisbeeren, Kiwis, Petersilie, Grünkohl, Paprika, Brokkoli, Zitrusfrüchte, Kartoffeln

Eiweiß: die Legende von einem »Stück Lebenskraft«

Jahrelang galt pflanzliches Eiweiß als minderwertig, weil in einzelnen pflanzlichen Lebensmitteln wichtige Aminosäuren fehlen.

Eiweiße sind sehr kompliziert aufgebaute chemische Verbindungen, die immer noch Anlass zahlreicher Forschungen sind. Ohne Eiweiß ist Leben, wie wir es auf der Erde kennen, nicht möglich.

Für den Menschen sind zehn Aminosäuren essentiell – zwei davon nur im Säuglingsalter –, das bedeutet, der Körper kann sie nicht selber herstellen und muss sie daher über die Nahrung zugeführt bekommen.

Enzyme und Hormone sind Eiweiße, Blut besteht zu 7 – 8 % aus Eiweißen, auch Muskeln, Bänder und Sehnen können ohne Eiweiß ihre Funktionen nicht erfüllen. Außerdem sorgen Eiweiße für einen ausgeglichenen Flüssigkeits- und Säure-Basen-Haushalt.

Pflanzen enthalten die wichtigen Aminosäuren in unterschiedlichen Anteilen, und deshalb würde z. B. eine Kartoffeldiät unweigerlich zu einer Mangelversorgung führen.

Da diese einseitige Ernährung aber derartig langweilig ist, wird wohl niemand auf Dauer Spaß an solcher Kost haben.

Durch sinnvolle Kombination der Zutaten kann man die die sogenann-

Besonders eiweißhaltige pflanzliche Lebensmittel
(sortiert nach Gehalt)
Sojabohnen, Weizenkeime, Erdnüsse, Leinsamen, Linsen, Erbsen, Kichererbsen, Amarant, Quinoa, Haselnüsse, Hafer, Weizen

Günstige Eiweiß-Kombinationen aus pflanzlichen Lebensmitteln
Mais und Bohnen,
Reis und Linsen,
Brot und Linsen

te biologische Wertigkeit, die ein Maß für die Verwertung des Nahrungseiweißes darstellt, optimieren. Teilweise kann man so qualitativ bessere Eiweißkombinationen erreichen als mit Fleisch. Die Inder wissen das schon seit Tausenden von Jahren und kombinieren Dal, das sind geschälte Linsen, mit Reis auf vielfältige Art.

Was kommt in den Topf? – die besonderen Zutaten der veganen Kochkunst

Essen soll nicht nur gesund, ethisch vertretbar und »politisch korrekt« sein, es sollte vor allem auch gut schmecken und ein schönes Hobby sein können. Und Hobbys machen in der Regel Spaß!

Wer nur mit der Nährwerttabelle im Kopf und einem Knurren im Magen durch den Einkaufsdschungel irrt und sich verzweifelt fragt: »Was darf ich denn nun essen?« oder »Wie kann ich ... ersetzen?«, verliert sicher nicht nur schnell die Lust an der veganen Küche, sondern entwickelt sich möglicherweise auch zum verbitterten Nörgler oder zur isolierten Besserwisserin!

Dabei gibt es ohne weiteres Möglichkeiten, bisher unbekannte exotische oder auch ganz einfache Köstlichkeiten in den Speiseplan aufzunehmen (siehe auch Bezugsquellen im Anhang Seite 188), statt aus bewährten Rezepten alle tierischen Lebensmittel zu streichen.

Die Rezepte sollen deswegen auch nicht Ersatzmöglichkeiten für tierische Lebensmittel darstellen, sondern das Tor zu ganz neuen Leckereien öffnen.

Einige Zutaten sind dem europäischen Gaumen vielleicht nicht sehr vertraut, deshalb soll ein kleines »who is who« einen ersten Einblick in die Welt der Gewürze, Getreide, Sojaprodukte, Hülsenfrüchte und Algen geben. Die Vielfalt der Köstlichkeiten kann hier nur angedeutet werden, und viele Zutaten werden den Gourmets wie Gourmands vertraut sein.

Im Folgenden also ein Überblick über die wichtigsten Zutaten und schillerndsten Exoten.

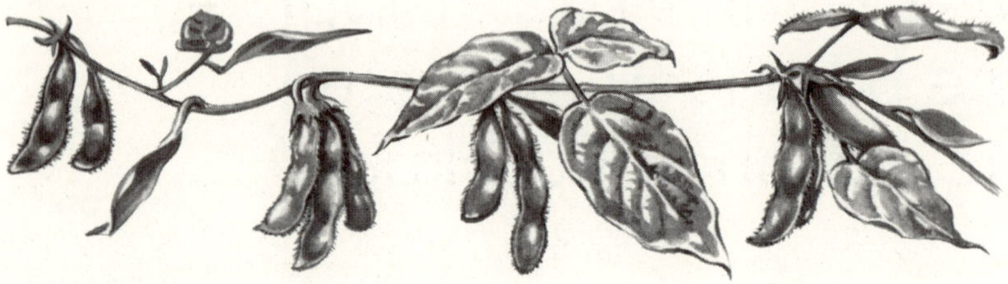

Sojaprodukte und Seitan

Fermentierte Sojaprodukte wie Tempeh und Miso zeichnen sich durch ihren hohen Eiweißanteil von bis zu 20 % aus.

Tempeh stammt aus Indonesien. Die enthülsten und gekochten Sojabohnen werden mit einer Starterkultur versetzt und in einer feuchtwarmen Umgebung, z. B. einem Wärmeschrank, bei 31 °C drei Tage fermentiert. Tempeh wird vor allem in der makrobiotischen Ernährung als würzende Zutat verwendet.

Miso findet, genau wie Tempeh, traditionell Verwendung in der makrobiotischen Küche. Für seine Produktion werden gekochte Sojabohnen mit Gerste oder Reis sowie mit Salz vermischt und mit einer Pilzkultur geimpft. Der Fermentationsprozess dauert ein bis drei Jahre.

Im Zeitalter von genmanipulierten Sojabohnen sollte man allerdings darauf achten, dass die Produkte aus kontrolliert biologischem Anbau stammen, denn nur dann kann davon ausgegangen werden, dass die Erbsubstanz der Hülsenfrucht unverändert ist.

Das Gleiche gilt für **Tofu.** Der sogenannte Sojakäse wird nicht durch Fermentation der Sojabohne gewonnen, sondern aus Sojamilch, der ein Gerinnungsmittel (Nigari, Zitronensaft oder Apfelessig) zugegeben wurde. Streng genommen handelt es sich deswegen auch um denaturiertes Eiweiß, denn durch Säurezugabe und Erhitzen verändert Eiweiß seine Struktur – es gerinnt.

Nach dem »Erfinder« der Vollwertkost *Kollath* gehört Tofu deshalb nicht in die Vollwertküche, da er zu stark behandelt wurde. In Maßen genossen bietet er aber eine gute Ergänzung des Speiseplans mit zahlreichen Variationsmöglichkeiten.

Ein weiterer Eiweißlieferant ist **Seitan.** Der Name kommt aus dem Japanischen; in der chinesischen vegetarischen Küche ist das Produkt als *Mian Jin* (Klebereiweiß) bekannt. Es wird ohne chemische Behandlung und Zugaben aus Weizenvollkornmehl hergestellt, aus dem unter fließendem Wasser die Stärke ausgewaschen wurde (Herstellung von Klebereiweiß siehe Seite 128).

Obwohl **»Sojamilch«** von Veganerinnen und Veganern und auch von Menschen mit Kuhmilchallergie gerne als Milchersatz benutzt wird, darf sie nach dem Lebensmittelgesetz nicht als »Sojamilch« deklariert werden. Da man Verwechslungsrisiken fürchtet und der Meinung ist, es handele sich nicht um Milch, darf die Sojamilch nicht unter diesem Begriff in den Handel gelangen.

Dort findet man deshalb, je nach Hersteller, »Sojatrunk« oder »Sojadrink«. Gemeint ist das Gleiche, nämlich ein aus Sojabohnen hergestelltes Getränk.

Zur Herstellung werden die Bohnen gekocht, püriert und schließlich das Püree durch ein Tuch gefiltert und ausgepresst, um den milchigen, eiweißreichen Extrakt zu erhalten. Handelsübliche Sojamilch wird nun noch desodoriert, damit sie weniger roh schmeckt. Wenn man sichergehen will, dass dies nicht durch Chemie erreicht wird, lohnt sich der Gang in den Bioladen.

Manchmal ist noch ein Aromastoff zugesetzt. Aus diesem Grund sollte man beim Kauf darauf achten, dass es sich wirklich um die reine Sojamilch handelt. Es gäbe sonst ein unangenehmes »Aha-Erlebnis«, wenn der selbst gemachte Veggikäse plötzlich nach Vanille schmeckt.

Viele Vollwertköstlerinnen und Vollwertköstler rümpfen bei so vielen Verarbeitungsschritten die Nase. Unschlagbar ist jedoch das Argument des hohen Eiweißgehaltes der Sojabohne: Sojaeiweiß ist besonders wertvoll durch seinen hohen Anteil an essentiellen Aminosäuren (siehe auch »Eiweiß: die Legende von einem Stück Lebenskraft« Seite 41).

Sojasauce siehe unter *Gewürze* Seite 58.

Sojafleisch, *TVP (textured vegetable protein,* strukturiertes pflanzliches Eiweiß). Er hat zwar einen hohen Eiweißgehalt, durch das komplizierte industrielle Herstellungsverfahren aber nur noch einen sehr geringen Nährwert.

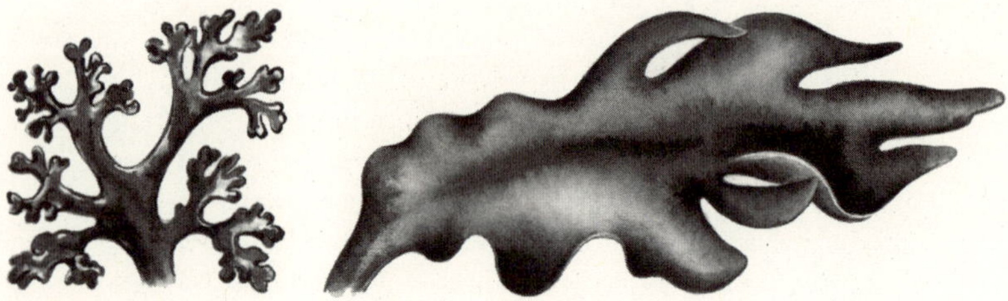

Meeresgemüse

Algen stammen aus dem gleichen Milieu wie Seefisch, aus dem Meer. Sie tragen daher ebenfalls zur Jodversorgung bei, sind aber nicht nur weniger schadstoffbelastet als der Fisch – schließlich stehen sie am Anfang der maritimen Nahrungskette –, sondern können offenbar auch Schwermetalle und andere Kumulationsgifte im Körper binden und so deren Ausscheidung ermöglichen.

> **Meeresgemüse** enthält zahlreiche Vitamine wie Vitamin B_1, B_2, C, Niacin und Folsäure, Mineralstoffe und Spurenelemente wie Natrium, Calcium, Magnesium, Kalium, Phosphor, Jod, Eisen, Zink sowie Provitamin D_2 (Ergosterin), das in der Haut durch UV-Strahlung in Vitamin D umgewandelt wird.
>
> Der Fettgehalt von Algen ist mit 10 % des Trockengewichts sehr niedrig und setzt sich überwiegend aus ungesättigten Fettsäuren zusammen.
>
> Interessant ist auch die Beobachtung, dass es beim Kochen der Alge *Nori* offensichtlich zu keinem Vitamin-C-Verlust kommt, obwohl dieses Vitamin normalerweise sehr hitzeempfindlich ist.

In der makrobiotischen Ernährung spielen Algen hierzulande eine große Rolle; in Japan gehören sie schon lange zum Speiseplan. Die Regale der deutschen Naturkost- und Asien-Läden haben ein inspirierendes Angebot. Der Jodgehalt von Algen schwankt so sehr, dass sie möglichst nur einmal pro Woche verzehrt werden sollten, um eine Überversorgung mit Jod zu vermeiden. Das bedeutet aber nicht, dass man damit nicht hervorragende Aufläufe, Pfannkuchen und Puddings (aus Agar Agar, ebenfalls ein Algenprodukt) zaubern kann.

Meeresgemüse gibt es in vielen Sorten: **Seetang, Nori, Yaki-Nori, Dulse, Agar Agar, Arame, Wakame, Irisches Moos** (Carragen), **Hijiki, Kelp** (Riementang), **Kombu** und **Mekabu.** So unterschiedlich sie im Geschmack sind, so verschieden sind auch ihre Verwendungsmöglichkeiten. Agar Agar und Carragen werden zum Beispiel als Gelier- und Bindemittel (siehe auch Seite 63) eingesetzt.

In den Rezepten dieses Buches werden meist Seetang oder Yaki-Nori verwendet.

Zubereitung von Meeresgemüse
Die getrockneten und gepressten Blätter werden vor der Zubereitung in etwas Wasser eingeweicht. Dieses Einweichwasser sollte aber keinesfalls weggeschüttet werden, denn es enthält einige wertvolle Vitamine und Mineralien aus der Pflanze!
Man kann es beispielsweise statt Wasser zum Kochen verwenden. Um die Vitamin- und Mineralienverluste möglichst gering zu halten, reicht es aus, die Algen in sehr wenig Wasser (80 – 100 ml pro Blatt) einzuweichen, sodass sie etwa die Konsistenz von gefrorenem und anschließend aufgetautem Spinat bekommen.

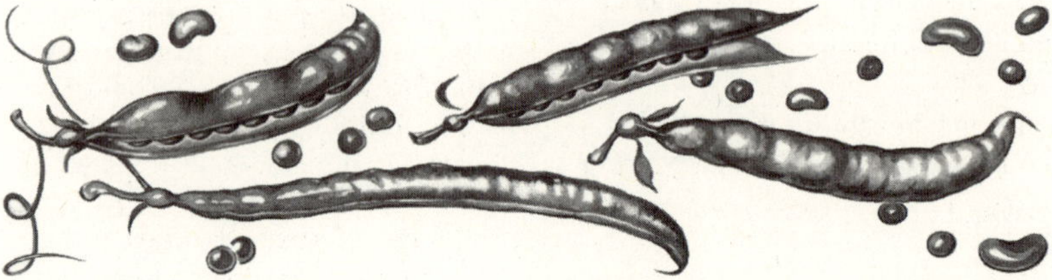

Hülsenfrüchte

Hülsenfrüchte sind wertvolle Eiweiß-, Eisen- und Vitamin-B-Lieferanten. Durch bestimmte Gewürze (siehe Kasten) kann man auch ihre blähende Wirkung vermeiden, ohne sie stundenlang und wenig wertstoffschonend zu garen.

Die deutsche Küche kennt oftmals nur Linsen und grüne Erbsen, bestenfalls noch Kidneybohnen oder weiße Bohnen. Wer sich aber in asiatischen Lebensmittelgeschäften umsieht, die es inzwischen in fast jeder Stadt gibt (siehe auch Bezugsquellen im Anhang Seite 188), wird staunen, welche Vielfalt dort angeboten wird. Auf dem indischen Subkontinent gedeihen mehr als sechzig verschiedene Sorten. Dal nennt man dort geschälte und halbierte Erbsen und Linsen; einige Sorten sind auch hierzulande erhältlich.

Durch Kombination von Dal mit Reis kann die biologische Wertigkeit des Eiweißes (siehe auch Seite 41) um bis zu 40 % gesteigert werden. *Urad-Dal*, auch *Urid-Dal* genannt, enthält sogar doppelt so viel Eiweiß wie Fleisch. Er sollte daher nicht öfter als viermal pro Woche verzehrt werden, um den Körper nicht mit zu viel Eiweiß zu belasten.

Zubereitung von Hülsenfrüchten
Hülsenfrüchte vor der Zubereitung unter fließendem Wasser waschen. Ganze Erbsen und Bohnen (Kichererbsen, grüne Erbsen, Kidneybohnen, Schwarzaugenbohnen, Sojabohnen, schwarze Bohnen etc.) sollten vor dem Kochen etwa zwölf Stunden mit etwa 3 cm kaltem Wasser bedeckt eingeweicht werden, denn das verkürzt die Kochzeit und erhöht die Bekömmlichkeit.

Bei Linsen genügen vier bis sechs Stunden. Je nach Hülsenfrüchteart beträgt die Kochzeit 45 Minuten bis zwei Stunden; Sojabohnen benötigen drei bis vier Stunden.

Tipps zur Vermeidung von Blähungen

Es gibt Menschen, die Hülsenfrüchte schlecht vertragen. Sie brauchen aber deswegen nicht auf diesen hervorragenden Lieferanten von pflanzlichem Eiweiß zu verzichten oder gar Linsen, Bohnen und Erbsen stundenlang totzukochen. Viele Probleme mit Darmgasen entstehen zum Beispiel durch hastiges Essen, wobei enorme Luftmengen geschluckt werden, die sich einen Weg durch den Darm suchen müssen. Das Gleiche passiert, wenn während des Essens zu viel gesprochen oder ungenügend gekaut wird. Bei Hülsenfrüchten kann ein weiteres Problem hinzukommen: Erbsen, Linsen und Bohnen enthalten das Polysaccharid Hemizellulose, das praktisch in allen pflanzlichen Zellwänden vorkommt, in besonders großen Mengen aber in getrockneten Hülsenfrüchten. Hemizellulose ist ein Mehrfachzucker, der langsamer verdaut wird als andere Kohlenhydrate, dadurch »verdauen« auch die Darmbakterien dieses Kohlenhydrat und es entsteht Methangas. Indem man diese köstlichen Eiweißspender einweicht, wird die Hemizellulose nahezu vollständig ausgewaschen (»Zubereitung von Hülsenfrüchten« Seite 47). Nach der Einweichzeit sollte man das Wasser fortgießen und die Hülsenfrüchte noch einmal unter fließendem Wasser waschen.

Frischgebackene Veganerinnen und Veganer können sich außerdem damit trösten, dass sich die Darmflora schnell auf den veränderten Speiseplan einstellen wird und die Beschwerden mit Darmgasen in kurzer Zeit verschwinden werden.

Auch einige Gewürze können die Bekömmlichkeit verbessern: Frisch gehackter Ingwer verfeinert nicht nur den Geschmack, sondern fördert auch die Speichel- und Magensaftproduktion, die Entleerung der Galle aus der Gallenblase sowie die Darmbewegung. Speichel, Magensaft und Galle sorgen für eine bessere Verdauung von Kohlenhydraten, Eiweiß und Fett. Eine ausreichende Spannung und Förderbewegung des Darms ermöglichen zudem die »Entsorgung« unverwertbarer Nahrungsbestandteile. Kreuzkümmel und Kurkuma unterstützen diese Wirkung.

Getreide

Neben Reis eignen sich auch viele andere Getreidesorten als »Beilage« oder Hauptgericht wie z. B. Mais, Amarant, Quinoa, Buchweizen, Hirse und Weizen.

Fertige Bratlingsmischungen können auf die Dauer langweilig werden. Mit einer Getreidemühle lässt sich eine köstliche Alternative zaubern: **Grünkernschrot!** Grünkern ist unreif geernteter und dann gedarrter Dinkel. Durch diese Methode des Trocknens und Röstens in heißer Luft erhält das Getreide seinen charakteristischen rauchigen Geschmack. Aus dem gekochten groben Schrot lassen sich hervorragend vegane Getreideklößchen, »Köfte«, »Kebabs« oder Füllungen für Gemüse zubereiten.

Das Grundrezept für gekochtes Grünkernschrot finden Sie bei den Rezepten (»Schnelle Gerichte«) auf Seite 95.

Zubereitung von Getreide
Mais sollte vor der Zubereitung zwölf Stunden eingeweicht werden. Um richtig gar zu werden, muss er zudem mindestens eine Stunde kochen.

Alle anderen Getreidearten **(Reis, Weizen etc.)** werden vor dem Kochen kalt gewaschen.

Ein bis zwei Stunden Einweichzeit verkürzen die Kochzeit. Zu langes Einweichen setzt den Keimprozess in Gang, das Getreide wird matschig oder sogar bitter. **Buchweizen, Hirse, Quinoa** und **Amarant** brauchen nicht eingeweicht zu werden, denn ihre Garzeit ist mit 20 Minuten ohnehin recht kurz. Das Waschen muss jedoch mit heißem Wasser erfolgen.

Für 100 g Getreide benötigt man etwa 250 – 300 ml Kochwasser.

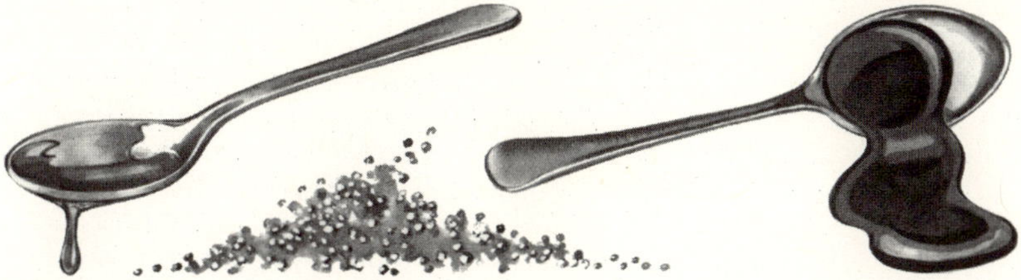

Süßungsmittel

Auch wenn Honig als tierisches Lebensmittel für Veganer nicht in Frage kommt, müssen Süßungsmittel kein Problem sein, denn viele alternative Süßungsmittel füllen inzwischen die Regale von Reformhäusern und Bioläden.

Trotz vieler Gründe, auf die ungesunde Süße zu verzichten, braucht der Mensch natürlich auch den süßen Geschmack, und Veganer müssen darauf selbstverständlich nicht verzichten, nur weil weder weißer Zucker noch Honig für sie in Frage kommt.

Es gibt eine ganze Reihe von Möglichkeiten, auf verträgliche und bekömmliche Weise zu süßen. Manchmal kommt es nur auf die richtige Kombination an, dann unterstreicht der Eigengeschmack der Süßungsmittel sogar noch den gewünschten Geschmack der Speise.

»Ursüße« wird aus dem eingedickten Saft des Zuckerrohrs hergestellt. Sie enthält zwar bedeutend mehr Vitamine und Mineralien als Zucker (und als Honig), trotzdem lässt sich mit »Ursüße« der Bedarf an diesen Stoffen nicht decken. Dies sollte niemanden daran hindern, diese köstliche Alternativsüße ruhigen Gewissens – in Maßen – zu verwenden.

> Wer entdeckt hat, dass das Vollkornbrötchen zum Frühstück Blähungen verursacht, sollte lieber die gezuckerte Marmelade als das Brötchen weglassen.
>
> Die Kombination von schnell (Zucker) und langsamer verdaulichen (Vollkorngetreide) Kohlenhydraten führt zu einer starken Gärung, unter Umständen sogar bis zur Gärungsdyspepsie, einer Störung der Kohlenhydratverdauung, die mit Magenbeschwerden und Blähungen einhergeht.
>
> Süße Fruchtaufstriche ohne Zuckerzusatz sind besser. Die Fructose, ein fruchteigener Zucker, ist der süßeste Zucker (siehe Agavendicksaft Seite 52). Deswegen kommt Fruchtaufstrich mit weniger Zucker insgesamt aus und ist verträglicher. Solche »Marmeladen« bestehen ausschließlich aus Früchten und dem Geliermittel Pektin, das ebenfalls aus Obst stammt.

Melasse, eigentlich ein Abfallprodukt aus der Zuckerherstellung und deswegen vielfach zu Viehfutter degradiert, hat zwar einen starken lakritzartigen Eigengeschmack, enthält aber relativ viel Eisen, Kalium und Calcium, was sie ernährungsphysiologisch wertvoll macht. Ihr Zuckeranteil liegt bei 40 – 60 %.

Jaggery und **Gur** sind vegane Alternativen zum Honig. Jaggery ist ein aus Zuckerrohr gewonnener Rohzucker, Gur wird auf gleiche Art aus den Säften verschiedener Palmenarten hergestellt. Beide sind vollkommen unraffiniert und damit praktisch unbehandelt. Alle Vitamine, Mineralstoffe und Spurenelemente des Zuckerrohr- bzw. Palmensaftes bleiben deshalb erhalten, was sie zu empfehlenswerten Süßungsmitteln macht. Sie werden in Blöcken gehandelt, deswegen sind sie auch nicht streufähig, sondern haben die Konsistenz von sehr festem Honig. Allerdings haben sie auch einen ganz charakteristischen Geschmack. Man bekommt sie in asiatischen Lebensmittelgeschäften (siehe auch Bezugsquellen im Anhang Seite 188).

Agavendicksaft ist eine weitere gesunde und vegane Alternative. Er hat die Farbe und Konsistenz von Akazienhonig.

Die Kohlenhydrate dieses aus dem Herz der Agave gewonnenen Süßungsmittels bestehen zu 90 % aus Fruchtzucker (Fructose), dem süßesten aller Zucker. Damit ist er auch – in Maßen genossen – für Diabetiker geeignet.

Preislich unterscheidet er sich deutlich vom teuren Ahornsirup, auch schmeckt Agavendicksaft angenehm mild, ohne den säuerlichen Beigeschmack der Fruchtdicksäfte.

> Der Eigengeschmack ist bei vielen vertretbaren Alternativ-Süßen ein Problem: **Apfel-** oder **Birnendicksaft** schmecken nach Äpfeln bzw. Birnen; auch bei **Trockenfrüchten** lässt sich der jeweils charakteristische Geschmack (glücklicherweise) nicht entziehen.
>
> Wer auf Süßigkeiten nicht verzichten kann oder will, muss umdenken: Weniger ist mehr.
>
> Außerdem sollte die Süße als Gewürz verstanden werden, und Gewürze haben nun einmal einen Eigengeschmack. Zudem muss man Früchte als Lebensmittel betrachten, aus denen sich nur unter erheblichem Aufwand ein Geschmacksstoff extrahieren lässt: Niemand käme auf die Idee, den Möhrengeschmack zu isolieren, um damit Kohlrabi zu würzen.

Raffinierter Zucker
Raffinierter Zucker ist ein extrahierter Geschmacksstoff. Er enthält so gut wie nichts außer der begehrten Saccharose.

Die Behauptung »Zucker ist Nervennahrung«, mit der sich so mancher das Leben versüßen möchte, täuscht, denn zur Verdauung dieses Kohlenhydrats benötigt der Organismus B-Vitamine, die im industriell verarbeiteten Zucker nicht mehr enthalten sind. Diese für das Nervensystem so wichtigen Vitalstoffe muss der Körper also zusätzlich zur Verwertung des Zuckers bereitstellen.

Honig
Wie in so vielen unrühmlichen Bereichen sind die Deutschen auch im Honigessen Weltmeister (etwa 1,4 kg pro Kopf und Jahr).

Ein Streifzug durch die »Bio-Ecken« der Supermärkte könnte den Eindruck vermitteln, die Zutat Honig reiche aus, um aus einem ungesunden ein gesundes Lebensmittel zu machen, aber der Honig ist nicht so gut wie sein Ruf:

Honig ist nicht nur für Pollenallergiker problematisch. Er besteht zum überwiegenden Teil aus Invertzucker (einem Gemisch aus Frucht- und Traubenzucker), der Gesamtgehalt an Mineralstoffen beträgt nicht einmal 1 %. Dafür findet man im Honig allerdings eine Reihe von Schadstoffen, die in einem gesunden Nahrungsmittel sicher nichts zu suchen haben. Schließlich ist das Produkt auch nicht für den menschlichen Verzehr, sondern zur Fütterung von Bienenlarven gedacht.

Auch Umweltgifte und Rückstände von Bienenarzneimitteln lassen sich in der Alternativsüße nachweisen.

Ahornsirup
Ahornsirup ist ein weiteres Zuckerersatzmittel, das häufig als gesund eingestuft wird.

Durch Erhitzen – der dünnflüssige Saft wird auf einen Bruchteil seines Volumens eingekocht – gehen aber die meisten Vitamine verloren.

Gewürze

Unsere Zunge erkennt nicht nur Süß, sondern auch noch die Geschmacksnoten Salzig, Sauer und Bitter. Eine Mahlzeit bekommt ihre besondere Note zum Teil durch diese vier Komponenten, den Rest erledigt die Nase, die noch bedeutend mehr erkennt und den direkten Draht zum Gehirn hat. Duftstoffe in Obst, Gemüse und Gewürzen lösen ganze Kettenreaktionen aus. Die Ursache dafür sind die ätherischen Öle, die ganz bestimmte Funktionen erfüllen: Sie können z. B. Appetit oder Ekel verursachen.

Durch den angenehmen Geruch wird das Verdauungssystem – angefangen bei der Speichelproduktion im Mund – angeregt: Es läuft einem »das Wasser im Mund zusammen«.

Gut gewürzte Mahlzeiten, die den Geschmack unterstreichen, aber nicht »totwürzen«, machen deswegen nicht nur mehr Spaß als fades, wässriges oder versalzenes Essen, sie sind auch bekömmlicher.

Kräuter und Gewürze haben zudem auch noch medizinische Wirkungen, die eine bessere Verträglichkeit bewirken.

Der Leitsatz in der chinesischen Heilkunde heißt: »Versuche es zuerst über die Ernährung; erst wenn das keinen Erfolg zeigt, greife zu Arzneien« *(Dr. Sun Simiao,* 608 – 906 n. Chr., ein Arzt der *Tang Dynastie.* Er wurde übrigens 101 Jahre alt!). Daher kommt es in der »Ernährung nach der Fünfelementelehre« sehr stark auf die Kombination von Nahrungsmitteln mit verschiedenen Wirkungen (Heiß, Warm, Kalt, Kühl und Neutral) und unterschiedlichen Geschmacksrichtungen (Süß, Sauer, Scharf, Salzig und Bitter) an. Auf westliche Ernährungsgewohnheiten übertragen, erklären sich so viele Formen von Unwohlsein nach dem Essen.

Bevor man Vollkorngetreideprodukte und Hülsenfrüchte zu Vogelfutter degradiert und den Weg der eingefahrenen Ernährungsgewohnheiten geht, sollte man sich besser über eine sinnvollere, verträglichere Kombination von Lebensmitteln Gedanken machen.

Einige Gewürze verdienen eine besondere Erwähnung:

Der Geschmack von **Ajowansamen** erinnert etwas an frischen Thymian. Die Samen werden in Öl angebraten und passen durch ihre verdauungsfördernde Wirkung gut zu Hülsenfrüchten. Aber auch Grünkernkebabs und -köfte oder Salate aromatisiert dieses Gewürz auf eine interessante Weise.

Asafoetida (Stinkasant) ist ein sehr aromatisch duftendes Harz einer Wurzel. Der Geruch dieses meist als Pulver erhältlichen Gewürzes ist gewöhnungsbedürftig, lässt aber nicht auf den Geschmack schließen. Gerichte mit Stinkasant schmecken keineswegs so, wie der Name dieses Pulvers befürchten lässt, sondern unbeschreiblich indisch und köstlich.

Asafoetida wirkt verdauungsfördernd und ist deswegen besonders zu Hülsenfrüchten und Kohlgerichten empfehlenswert.

Bockshornklee ist in frischer Form hierzulande schwer erhältlich. Aber auch die getrocknete Variante passt ausgezeichnet zu Kartoffelgerichten. Die Samen dieser Pflanze lassen sich gut keimen, sie werden aber nach einer Keimzeit von mehr als anderthalb Tagen ungenießbar bitter.

Bockshornklee ist als Bestandteil vieler Currypulvermischungen, aber auch einzeln erhältlich.

Galgant oder **Galanga** stammt aus Thailand und Südchina. Die frische Wurzel erhält man in jedem gutsortierten asiatischen Lebensmittelgeschäft. Sie wird ähnlich wie Ingwer verwendet.

Trockener, gemahlener Galgant ist auch unter dem Namen **Laos** im Handel.

Garam Masala ist eine Gewürzmischung, für die jede indische Köchin und jeder indische Koch sein besonderes Rezept als Geheimnis hütet. In asiatischen Lebensmittelgeschäften kann man Garam Masala fertig kaufen. Es wird Gemüsegerichten ganz zum Schluss beigegeben, indem es z. B. über die Speise gestreut wird.

Curryblätter (Kari) beruhigen – nach ayurvedischem Wissen – den Magen. Sie eignen sich gut als Suppenwürze.

Gomasio oder Sesamsalz entstammt der Makrobiotik. Zur Herstellung dieser köstlichen Würze werden Sesamsamen zunächst ohne Fettzugabe kurz geröstet, gemahlen und schließlich im Verhältnis vier (Sesam) zu eins (Meersalz) mit Meersalz vermischt. Mit einer Getreidemühle kann man dieses eiweißhaltige Gewürz problemlos selber herstellen; der Vorrat sollte allerdings nicht zu groß ausfallen, da es nach einer Woche schal zu schmecken beginnt. Gomasio ist außerordentlich eiweißhaltig und überzeugt durch seine vielen ungesättigten Fettsäuren, seinen hohen Calciumgehalt und seinen unvergleichlich nussig pikanten Geschmack. Es eignet sich hervorragend zum Würzen von Dressings, Getreidegerichten oder einfach aufs Brot gestreut.

Ingwer ist frisch und pulverisiert erhältlich. Diese beiden Formen sind geschmacklich sehr unterschiedlich; das eine ist durch das andere nicht zu ersetzen. Die exotische Schärfe des Ingwers eignet sich gut zum Würzen von Gebäck und Süßigkeiten und gibt ihnen einen ganz besonderen Pfiff.

Frischer, gehackter Ingwer wirkt verdauungsfördernd und ist gut gegen Blähungen.

Als Tee hilft er bei Erkältungen, denn Ingwertee hat außerordentlich wärmende Eigenschaften.

Kalonjisamen oder **Schwarzkümmel** ist sehr beliebt, denn das Öl dieser kleinen schwarzen Samen soll in der Lage sein, Allergien zu heilen und das Immunsystem zu stärken.

Die Samen schmecken etwas zwiebelartig und passen daher gut zu Kartoffel- und Gemüsegerichten.

Kardamom, grün wird in Indien als die »Königin der Gewürze« bezeichnet. Er hat einen würzigen Duft und einen süßlich scharfen Geschmack. Hierzulande ist er hauptsächlich als Zutat von Lebkuchengewürzmischungen bekannt. Aber auch einzeln benutzt eignet er sich gut zum Würzen von Süßspeisen. Man bekommt wahlweise die ganzen grünen Kapseln, die darin enthaltenen Samen oder ein Pulver. Auch Kardamom wirkt verdauungsfördernd sowie schleimlösend auf die Atmungsorgane.

Kardamom, schwarz ist nicht mit dem grünen zu verwechseln. Er schmeckt rauchig herb und passt daher gut zu Reisgerichten wie Pilaws. Schwarzer Kardamom ist auch einer der Bestandteile von Garam Masala.

Kokosflocken sind keine Kokosraspel und auch nicht mit »Kokoschips« zu verwechseln; sie haben etwa die Form sehr feiner, zarter Haferflocken. Kokosflocken sind erheblich preis-

Kokosmilch aus Kokosflocken

Aus ungesüßten Kokosflocken lässt sich leicht Kokosmilch herstellen.

Für ¼ l Kokosmilch braucht man 250 g Kokosflocken und ¼ l Wasser. Die Flocken werden mit dem kochenden Wasser überbrüht und die Mischung 15 Minuten stehengelassen. In der Küchenmaschine wird sie dann zu einem Püree gemixt. Anschließend wird der Brei durch ein Käsetuch, ein dünnes, ungefärbtes Baumwolltuch oder eine Mullwindel gegossen und die Kokosmilch kräftig ausgepresst.

günstiger als Kokosraspel. Sie werden aus getrocknetem Kokosfleisch hergestellt und gelangen gesüßt und ungesüßt in den Handel.

Koriander wird ganz oder gemahlen verkauft. Er fördert die Verdauung und hat mit seinem würzig aromatischen Geschmack einen wichtigen Platz in der indischen Küche. Dort verfeinert er Gemüse- und Hülsenfrüchte, lässt sich aber auch als Brotgewürz verwenden.

Kreuzkümmel oder **Cumin** schmeckt vollkommen anders als der bekannte Kümmel; er ist vor allem wesentlich schärfer und herber. Man kann ihn ganz oder gemahlen für Dressings und Brotaufstriche, wie zum Beispiel veganen Käse, der an den holländischen »Komijn Kaas« erinnert, verwenden. Kreuzkümmel nimmt in den Rezepten in diesem Buch eine Sonderstellung ein, denn er hemmt Blähungen und fördert die Verdauung. Daher findet man ihn in allen Hülsenfruchtrezepten.

Kurkuma (Gelbwurz, Turmerik) erhält man ebenfalls ganz oder gemahlen. Sie färbt alle Speisen (und Kochgeräte!) intensiv gelb. Ihre entscheidende Funktion hat sie aber als Hauptzutat von Currypulvermischungen. Einzeln sollte man sie sparsam verwenden, da sie in zu hoher Dosierung den Speisen einen unangenehm bitteren Geschmack verleiht.

Medizinische Qualitäten hat sie durch ihre Blutreinigungskraft und bakterizide Wirkung. Auch soll sie vor Dickdarmkrebs schützen.

Safran macht nicht nur den Kuchen gel, er besitzt auch ein unvergleichliches Aroma.

Dieses teuerste aller Gewürze kauft man am besten in Form von Safran*fäden*. Sie werden in etwas warmem Sojatrunk aufgelöst und neben Süßspeisen und Backwerk gerne auch Reisgerichten zugegeben.

In Überdosierung wirkt Safran betäubend.

Santen ist eingedickte Kokosmilch. Die Blöcke gibt es in asiatischen Lebensmittelgeschäften oder im Versand (siehe auch Bezugsquellen im Anhang Seite 188).

Kokosmilch aus Santen
Um Kokosmilch herzustellen, gießt man auf ein Teil Santen fünf Teile Wasser. Die Santenkonzentration kann auch noch erhöht werden, dann erhält man dickflüssigere Kokosmilch.

Senfkörner sind als schwarze oder braune Senfsamen erhältlich. Gemeint ist das gleiche Gewürz, das aber nicht mit gelben Senfsamen verwechselt werden darf, denn diese schmecken vollkommen anders.

Die Samen sind eine wichtige Zutat in der indischen Küche und spielen im Ayurveda auch als Medizin eine bedeutende Rolle. Sie haben einen scharfen Geschmack. Die Körner helfen bei Blähungen, Durchblutungsstörungen, Krämpfen und bakteriellen Infekten. Man röstet die Kerne in etwas heißem Öl, bis sie platzen. Vorsicht, ohne Deckel oder Spritzschutz liegt die ganze Küche voller fettiger, brauner Samen!

Sojasauce gibt es in verschiedenen Variationen: süß oder pikant. Herkömmliche Sojasauce enthält leider oft Konservierungs- und andere Zusatzstoffe. Zudem können konventionelle Sojabohnen mit genmanipulierter Ware vermischt sein.

Zu empfehlen sind **Tamari** oder **Shoyu** aus kontrolliert biologischem Anbau. Diese eiweißreichen Produkte entstehen durch Fermentation. Während Tamari nur aus Sojabohnen und Meersalz besteht, enthält Shoyu zusätzlich noch gerösteten Weizen.

Steinsalz (Schwarzsalz) wird im Gegensatz zu üblichem Speise- oder Meersalz nicht gereinigt und aufbereitet, sondern direkt vermahlen. Der Geruch ist für Veganer gewöhnungsbedürftig, denn er erinnert an gekochte Eier.

Sparsam verwendet verleiht es jeder pikanten Speise einen interessanten Beigeschmack; zudem fördert es Verdauung und Appetit.

Szechuanpfeffer ist durch anderen Pfeffer nicht zu ersetzen; er schmeckt aromatischer und vollkommen anders. Vor der Verwendung wird er in einer trockenen Pfanne angeröstet und dann im Mörser zerstoßen.

Tahin oder **Tahini** eignet sich hervorragend als Brotaufstrich oder zur Zubereitung köstlich nussiger Saucen. Wie Gomasio stammt auch dieses Sesamprodukt aus der makrobiotischen Küche. Im Handel findet man gesalzenes und ungesalzenes Tahin. Aus Letzterem kann man exzellente Süßspeisen nach Art von türkischem Honig – Halwa – zaubern. Die Vorzüge des Sesams kommen voll zur Geltung, denn die ungeschälten Körner werden nur wertstoffschonend geröstet und gequetscht.

Tamarinde ist das Fruchtmark der zimtfarbenen Früchte des Tamarindenbaums. Man erhält es wahlweise als Block gepresster Früchte, die mit kochendem Wasser übergossen und nach einer Einweichzeit von 15 – 20 Minuten ausgepresst werden müssen, oder – was unkomplizierter ist – als Paste, die nur in heißem Wasser aufgelöst werden muss. Der säuerliche Extrakt würzt süßsaure Gemüsegerichte oder Chutneys.

Zitronenblätter sind die Blätter des Kaffir-Zitronenbaums. Man bekommt sie meist in getrockneter Form in asiatischen Lebensmittelgeschäften. Man kann sie im Ganzen mitkochen und mitessen.

Gewürze im Überblick

Gewürz	Wirkung	passt zu
Ajowansamen	verdauungsfördernd, gegen Blähungen, gegen Erkältung	Hülsenfrüchten, Wurzelgemüsen, Grünkernkebabs, Köfte, Kebabs, Salaten
Asafoetida, auch Stinkasant oder Hing	verdauungsfördernd	Hülsenfrüchten, Kohlgerichten
Bockshornkleeblätter oder Methi	kräftigend	Suppen, Kartoffelgerichten
Bockshornkleesamen	gegen Erkältungen, bei Nervenschwäche, milchbildend (nach der Entbindung)	(Bestandteil vieler Currygewürzmischungen; leicht bitterer Geschmack)
Curryblätter oder Kari	gegen Magenschmerzen	Suppen
Garam Masala	appetitanregend	Gemüsegerichten (vor dem Servieren über das Gericht streuen)
Galgant, auch Galanga oder Laos	appetitanregend, verdauungsfördernd	Süßspeisen, Gemüsecurrys*
Gomasio	vitalisierend, mineralstoff- und eiweißreich	Dips, Dressings, Getreidegerichten oder aufs Brot
Ingwerpulver	appetitanregend, gegen Rheuma- und Muskelschmerzen, menstruationsfördernd	Gebäck, Süßigkeiten, Tees
Ingwer, frisch	gegen Erkältung, Koliken, Verdauungsstörungen, Erbrechen; appetitanregend und wärmend	Hülsenfrüchten, Gemüsecurrys*

Gewürze im Überblick

Gewürz	Wirkung	passt zu
Kalonjisamen oder Schwarzkümmel	stärkt das Immunsystem, gegen Allergien	Gemüsegerichten, Kartoffeln, pikantem Gebäck
Kardamom oder Elaichi	appetitanregend, verdauungsfördernd, schleimlösend, stärkend für Herz und Nerven	Süßspeisen, Reisgerichten, Pilaws
Kokosflocken		Gemüsegerichten
Koriander oder Dhania	verdauungsfördernd, herzstärkend, fiebersenkend, harntreibend	Gemüsegerichten, Brot; Bestandteil von Lebkuchengewürz und Currygewürzmischungen*
Kreuzkümmel, auch Cumin oder Jeera	verdauungsfördernd, gegen Magen- und Darmbeschwerden	Hülsenfrüchten, Gemüsecurrys*, Pilaws
Kurkuma, auch Gelbwurz oder Turmerik	blutreinigend, bakterizid, schützt vor Dickdarmkrebs	Gemüsecurrys*, Hülsenfrüchten; Bestandteil vieler Currygewürzmischungen*
Safran oder Kesar	kräftigend und vitalisierend, für Herz und Kreislauf, antidepressiv, beruhigend (Vorsicht: bei Überdosierung narkotisierend, nicht in der Schwangerschaft verwenden!)	Süßspeisen, Gebäck, Reisgerichten
Santen, eingedickte Kokosmilch		cremigen Saucen, Reis- und Gemüsegerichten

Gewürze im Überblick

Gewürz	Wirkung	passt zu
Senfkörner, schwarze, oder Rai	verbessern die Durchblutung, gegen Krämpfe und bei bakteriellen Infektionen	Gemüsecurrys*, Pilaws
Sojasauce, Tamari, Shoyu	eiweiß-, vitamin- und mineralstoffreich	Getreidegerichten, Dressings, Suppen, Saucen
Steinsalz, auch Schwarzsalz oder Kala Nimak	verdauungsfördernd, appetitanregend, gegen Krämpfe und Blähungen	allen pikanten Gerichten; zusätzlich zu Salz (eine Prise genügt)
Szechuanpfeffer		Getreide- und Gemüsegerichten, vor allem Auberginen und Kohl, eingelegtem Gemüse
Tahin oder Tahini/Tahina	vitalisierend, mineralstoff- und eiweißreich	Brotaufstrichen, Saucen, Süßigkeiten
Tamarinde, Imli	verdauungsfördernd, wärmend	süßsauren Gemüsegerichten

* Eine Anmerkung zu Currygewürzmischungen und »Currys«: Jede/r indische Köchin/Koch hat ihre/seine eigene Spezialität entwickelt; ihr/sein »Curry«. Natürlich ist die Tradition solcher Gewürzmischungen sehr viel älter als der Ausdruck »Curry«, der vermutlich ein bloßes Missverständnis in der Kolonialzeit Indiens war und sich in den vielen indischen Sprachen (z. B. Hindi, Urdu, Gujarat, Bengali ... es sind ungefähr 600) nicht so recht erklären lässt. Für europäische Ohren würden die Originalnamen Unverständnis auslösen, aber die schlichte Zusammenfassung als »Curry« wird der Kunst des Würzens, die in diesem Buch eine große Rolle spielt, nicht gerecht; der goldene Mittelweg (oder die Verlegenheitslösung) ist deshalb der Ausdruck »Currygewürzmischung«. Eigentlich versteht man unter »Curry« heute in der indischen Küche einen Gemüseeintopf mit verschiedenen Zutaten. Eine indische Köchin würde freilich eher von »Molee« (mit Kokosmilch), »Korma« (mit Joghurt) oder »Vindaloo« (mit Essig) sprechen. Vielleicht finden Sie Geschmack an dieser Küche und haben schon bald Ihr eigenes, besonderes »Curry« entwickelt?

Austauschmöglichkeiten für Zutaten aus tierischen Lebensmitteln

Eine Umstellung auf die vegane Ernährung zieht einige praktische Überlegungen nach sich: Wie ersetze ich die Eier in meinem Lieblings-Kuchenrezept? Wie soll ich ohne Käse überbacken? Welche Bindemittel kommen denn jetzt noch in Frage? Alle diese Fragen lassen sich beantworten!

Auf Fleisch zu verzichten, ist angesichts immer neuer Skandale nicht allzu schwer. Schon vor zwanzig Jahren gab es *Sojafleisch* – inzwischen auch als Würstchen bis hin zu Königsberger Sojaklopsen. Davon mag man halten, was man will, aber es gibt auch die ausgefeiltere Alternative: Tofu. Aus Tofu lässt sich eine Menge machen, und wenn man auf das Gütesiegel *k. b. A.* (*kontrolliert biologischer Anbau*) achtet, kann man sichergehen, dass er nicht von genmanipulierten Sojabohnen stammt. Mit gekochtem Grünkernschrot kann man überdies vielfältige internationale Getreideklößchenvariationen zaubern (Zubereitung siehe Seite 95).

Bei Käse und Ei ist schon etwas mehr Erfindungsreichtum gefragt. Aber wie versprochen: Nichts ist unmöglich!

Statt Milchprodukten

Für **Käse** gibt es vegane Varianten zum Selbermachen. Sie eignen sich als Brotaufstriche gleichermaßen wie zum Überbacken. Für Gratins lässt man den veganen Käse einfach etwas flüssiger, das Ergebnis ist absolut überzeugend!

Die Grundlage für eine Variante von veganem Käse bildet weißes Mandelmus, das mit Sojamilch verrührt und mit Würzhefeflocken und Gemüsebrühpulver gewürzt wird. Achtung! Gemüsebrühe enthält oftmals Milchzucker, es gibt aber auch rein pflanzliche Gemüsebrühe. Dieser Käse kann auch noch nach Belieben gewürzt werden. Genauere Zubereitungshinweise finden Sie im Rezeptkapitel »Brotaufstriche« ab Seite 77.

Weißes Mandelmus spielt eine wichtige Rolle in diesem Buch, deshalb verdient es besondere Aufmerksamkeit.

Das nicht gerade preiswerte Produkt wird aus geschälten süßen Mandeln bereitet, die nicht geröstet werden und unbehandelt als Mus ins Glas kommen.

Mandeln sind reich an Calcium, Kalium, Eisen, Vitamin A und E und den Vitaminen der B-Gruppe (besonders Niacin).

Von dem Preis dieser Köstlichkeit sollte man sich nicht irritieren lassen, denn aus einem kleinen 250-g-Glas Mandelmus lässt sich knapp zwei Kilogramm veganer Käse herstellen – somit ist dieser Käse preiswerter als solcher aus Milch.

Statt des gewohnten **Joghurts** kann man selbst gemachten **Veggighurt** verwenden. Dieser vegane Joghurt ist, wie alle erwähnten Milchprodukt-Alternativen, eine bewährte Eigenkreation. Er eignet sich zum Kochen und Backen ebenso gut wie zur Zubereitung von Erfrischungen. **Süße und saure Sahne** und **Quark** sind nach dem gleichen Prinzip zu ersetzen.

Alle Rezepte finden Sie im Rezeptkapitel »Chutneys, Saucen, Dips und mehr« ab Seite 141.

Statt Eiern

Ei als Binde- oder Triebmittel lässt sich auf folgende Weise hervorragend ersetzen:

Zubereitung von Ei-Ersatz
Für ein zu ersetzendes Ei einen gut gehäuften EL Sojamehl (vollfett) in etwas Wasser zu einer cremigen Masse rühren und dann zu dem Teig geben. Das Wasser muss dabei sehr vorsichtig dosiert werden, sonst wird die Masse zu dünnflüssig. Die Konsistenz von dicker Sahne ist genau richtig.

Bindemittel

Für die unappetitliche **Gelatine** gibt es vielfältige Ausweichmöglichkeiten:

Rote Grütze beispielsweise kann man ausgezeichnet mit **Flohsamenhülsen** zubereiten. Die pürierten Beeren brauchen dazu nicht einmal gekocht zu werden, sodass keine Vitamine verloren gehen (siehe Rezeptteil Seite 173).

Flohsamenhülsen *(Sat Isabgol)* kommen aus Indien; sie enthalten, wie auch Leinsamen, viele Schleimstoffe und sind deshalb in der Lage, Flüssigkeiten zu binden. Wie die Leinsamen haben auch Flohsamenhülsen eine leicht abführende Wirkung. Deshalb sollte man nicht zu viel verwenden und gleichzeitig mit dem Verzehr dieses pflanzlichen Bindemittels viel trinken. Erhältlich ist diese Zutat in Naturkostläden und asiatischen Lebensmittelgeschäften (siehe auch Bezugsquellen im Anhang Seite 188).

Binden mit Flohsamenhülsen
Ein gehäufter EL Flohsamenhülsen bindet etwa 300 ml Flüssigkeit: Flohsamenhülsen in warme oder kalte Flüssigkeit einrühren – nicht kochen –, gut vermischen und eine halbe Stunde ruhen lassen, bis die Mischung steif ist. Fertig zum Verzehr!

Saucen und Puddings bindet man unkompliziert mit **Pfeilwurzelmehl, (-stärke),** auch als *Arrowroot* im Naturkosthandel erhältlich.

Binden mit Pfeilwurzelmehl
Zum Andicken von 250 ml Flüssigkeit 2 TL Pfeilwurzelmehl in etwas kaltem Wasser auflösen und die Mischung dann in die heiße Speise geben, die sofort zäh wird. Es empfiehlt sich, das Gericht dann nicht mehr zu kochen, da es sonst leicht wieder flüssig wird.

Margarine

Und noch ein Wort zur Margarine: In fast allen Rezepten kann man Butter durch Margarine ersetzen, aber herkömmliche Margarine enthält so gut wie immer Magermilchpulver. Es ist ein Abfallprodukt aus dem Butterberg und so überflüssig wie ein Kropf. Es gibt aber auch vegane Pflanzenmargarine; man muss nur die Augen öffnen und einen Blick auf die – manchmal etwas verworrene – Deklaration werfen.

Das Gleiche gilt für den Zusatzstoff *Lecithin* (E 322). Er wird zwar meist aus Soja hergestellt, kann aber auch aus Eiern stammen.

Rezepte

Einige Hinweise vorab

Personenangaben

Die meisten Rezepte enthalten Angaben zur Personenzahl, für die dieses Gericht geeignet ist.

Einige Gerichte sind sehr sättigend und deshalb für den Gourmet und Gourmand in Personalunion geeignet.

Als Anhaltswerte können Sie auch die Mengen von Dal bzw. Linsen, Reis und Gemüse heranziehen: Pro Person kann man mit etwa 100 g Dal, 100 g Getreide und 300 g Gemüse oder mit 400 g Gemüse und 100 g Getreide rechnen.

Auf genauere Angaben ist bewusst verzichtet worden, da nicht nur die Geschmäcker, sondern auch die Bedürfnisse jeder und jedes Einzelnen unterschiedlich sind.

Nützliche Küchengeräte

Einige Küchengeräte sind eine Investition wirklich wert, dazu gehört z. B. eine **Getreidemühle.** Frisch gemahlenes Schrot oder Mehl schmeckt einfach besser, hat noch alle wertvollen Inhaltsstoffe, und außerdem kann man den Vermahlungsgrad selber bestimmen. Gemahlenes oder geschrotetes Vollkorngetreide wird zudem schnell ranzig, und wer hat schon Lust, täglich im Naturkostladen Getreide mahlen zu lassen?

Mit den meisten Getreidemühlen lassen sich auch problemlos Ölsaaten mahlen. Nur bei Maiskörnern streiken viele Mühlen.

Mit einer **Küchenmaschine** können Sie täglich einen Rohkostsalat mit wenig Aufwand zubereiten; auch mixen und mischen kann man mit diesem nützlichen Gerät. So sind täglich Erfrischungsgetränke »im Schalterumdrehen« fertig.

Sämige Gemüsesuppen püriert man am einfachsten mit einem **Pürierstab** (auch Zauberstab oder Stabmixer genannt). Auch für kleinere Mengen wie Brotaufstriche, Chutneys, Dips und Dressings ist dieses Gerät besser geeignet als eine Küchenmaschine.

Mit einem **Mörser** lassen sich Gewürze hervorragend zerstoßen. Mahlen kann man Gewürze einfacher mit einer sauberen **Kaffeemühle** – ob elektrisch oder mechanisch, in jedem Fall sollte die Mühle den Gewürzen vorbehalten bleiben, ansonsten gibt es geschmackliche Überraschungen ...

Ein **chinesisches Hackmesser** eignet sich hervorragend zum Zerkleinern von Obst und Gemüse. Solche Messer sind in asiatischen Lebensmittelgeschäften erhältlich (siehe auch Bezugsquellen im Anhang Seite 188).

In asiatischen Lebensmittelgeschäften können Sie ebenso einen **Wok,** in Indien **Karai** genannt, erstehen (siehe auch Bezugsquellen im Anhang Seite 188). Solche gusseisernen Frittier- und Bratpfannen geben bei der Verwendung kleine Mengen Eisen in die Speise ab, die den Eisengehalt der Speisen erhöhen.

Drahtuntersetzer sind auch in der Zeit von High-Tech-Herden für gusseiserne Kochplatten sinnvoll, denn für manche Zubereitungen sind diese nachheizenden Platten zu heiß. Dann dämpft ein auf die Platte gelegter Drahtuntersetzer die im Topf ankommende Hitze etwas.

Solche Untersetzer sind in Haushaltsgeschäften und Supermärkten erhältlich.

Holzkochlöffel und **-pfannenwender** werden zwar irgendwann unansehnlich, solche aus Plastik geben allerdings ständig kleinste Mengen Chemie an die Nahrung ab.

Getreide und Hülsenfrüchte bewahrt man am günstigsten in **Baumwollsäcken** auf; so sind sie – an Wand oder Decke befestigt – für viele Schädlinge unerreichbar, bleiben aber durch die luftige Lagerung lange frisch und sorgen auch für eine gemütliche Atmosphäre in der Küche.

Frühstück

An einem gewöhnlichen Wochentag ist die Zeit morgens meist zu knapp und kostbar, um ein hingebungsvolles Frühstück zu zelebrieren. Niemals aber sollte zu wenig Zeit für einen Frischkornbrei oder ein Müsli sein. Wer Müsli ohne Milch und Joghurt für undenkbar hält, sollte es einmal mit Saft (übrigens eine prima Alternative in konventionellen Hotels), Sojatrunk oder Reisdrink versuchen.
Vorsicht ist bei Brötchen geboten, denn sie enthalten oft Eier und/oder Milchprodukte; bei Brot sollte man sich nach den Zutaten erkundigen.
In guten Naturkostläden kann man sich über die Inhaltsstoffe umfassend informieren.
Natürlich gibt es auch vegane Brotaufstriche zu kaufen.
Trotzdem ist Selbermachen immer noch die beste Wahl!

Weizenbrötchen

Ergibt 6 – 8 Brötchen

40 g Hefe
350 ml Wasser
600 g Weizenvollkornmehl
½ TL Roh-Rohrzucker
½ TL Salz
Sesam, Mohn, Kümmel oder Sonnenblumenkerne
Fett für das Blech

Die Hefe in etwas lauwarmem Wasser auflösen, mit 3 EL Mehl, dem Roh-Rohrzucker und dem Salz verrühren und mit einem feuchtwarmen Tuch abdecken. An einem warmen, zugfreien Ort 20 Minuten gehen lassen.
Dann das restliche Weizenvollkornmehl und den Rest des Wassers einarbeiten und 10 Minuten kneten.
Anschließend den Teig wieder zugedeckt 20 Minuten ruhen lassen.
Den Backofen auf 250 °C vorheizen und ein kleines feuerfestes Gefäß mit kochendem Wasser hineinstellen.
Nach der Ruhezeit den Teig noch einmal kurz kneten, zu einer Rolle formen und diese in sechs bis acht Stücke teilen. Nun jedes Stück zu einer Kugel formen und in Sesam, Mohn, Kümmel oder Sonnenblumenkernen rollen.
Die Brötchen auf ein gefettetes Backblech setzen und zugedeckt nochmals etwa 10 Minuten gehen lassen.
Im vorgeheizten Backofen bei 250 °C etwa 20 Minuten backen.

Baguettes

Ergibt 4 Baguettes

40 g Hefe
350 ml Wasser
600 g Weizenvollkornmehl
½ TL Salz
½ TL Roh-Rohrzucker
1 EL Olivenöl
Sesam, Mohn und Sonnenblumenkerne
Fett für das Blech

Die Hefe in etwas lauwarmem Wasser auflösen, 2 EL Mehl, das Salz und den Roh-Rohrzucker zufügen und mit einem feuchtwarmen Tuch bedeckt 20 Minuten gehen lassen.

Das restliche Mehl und den Rest des Wassers in den vorbereiteten Vorteig rühren und 10 Minuten kneten.
Nun den Teig zugedeckt 20 Minuten gehen lassen.
Das nicht zu kalte Olivenöl unter den Teig kneten, vier Rollen formen und die Baguettes in einer Mischung aus Sesam, Mohn und Sonnenblumenkernen wälzen.
Anschließend auf ein gefettetes Backblech legen, mit einem Tuch abdecken und noch einmal 10 Minuten gehen lassen.
Inzwischen den Backofen auf 250 °C vorheizen und ein kleines, feuerfestes Gefäß mit kochendem Wasser hineinstellen.
Die Baguettes im vorgeheizten Backofen bei 220 °C etwa 20 Minuten backen.

Baguettes sind eine Alternative zum ofenfrischen Frühstücksbrötchen. Gefüllt mit Salat, *Hummus bi Tahina* (Seite 104) oder anderen pikanten Köstlichkeiten können sie auch als Hauptmahlzeit genossen werden.

Apfel-Nuss-Brötchen

Ergibt 6 – 8 Brötchen

40 g Hefe
½ TL Salz
½ TL Roh-Rohrzucker
350 ml Wasser
600 g Weizenvollkornmehl
2 Äpfel
2 – 3 EL grob gehackte Haselnüsse
Fett für das Blech

Die Hefe mit Salz und Roh-Rohrzucker in etwas lauwarmem Wasser auflösen, mit einem feuchtwarmen Tuch bedecken und an einem warmen, zugfreien Ort 20 Minuten gehen lassen.
Das Weizenvollkornmehl einarbeiten und den Teig 10 Minuten kneten. Zugedeckt 20 Minuten ruhen lassen. In der Zwischenzeit den Backofen auf 250 °C vorheizen und ein kleines, feuerfestes Gefäß mit kochendem Wasser hineinstellen.
Die Äpfel schälen, Kerngehäuse entfernen und die Äpfel in etwa 2 cm große Würfel schneiden.
Nach der Ruhezeit den Teig noch einmal kurz durchkneten, zu einer Rolle formen und diese in sechs bis acht gleich große Stücke teilen.
Nun jedes Stück zu einer Kugel formen und Apfelstückchen und Nüsse einkneten. Auf das gefettete Backblech setzen und zugedeckt noch einmal etwa 10 Minuten gehen lassen.
Im vorgeheizten Backofen bei 250 °C etwa 15 – 20 Minuten backen.

Frühstücks-Porridge

Pro Person

2 EL Roggenschrot
2 EL Buchweizenschrot
2 EL Grünkernschrot
1 EL Sesamsaat
1 EL Sesam- oder anderes Pflanzenöl
etwa 300 ml Wasser
1 TL Gomasio (Sesamsalz)

Alle Zutaten, mit Ausnahme des Wassers und des Gomasios, mit Pflanzenöl in einem Topf bei mittlerer Hitze goldgelb anrösten, anschließend unter ständigem Rühren das Wasser zufügen, sodass ein dünner Brei entsteht.
Nun kurz aufkochen und etwa 10 Minuten bei kleiner Hitze ziehen lassen (dazu bei einer gusseisernen Platte am besten einen Drahtuntersetzer auf die Platte legen), bis der Brei die gewünschte Konsistenz hat. Zum Würzen etwas Gomasio über den Brei streuen.

Dieses Frühstück ist eine sehr gute Grundlage für den ganzen Tag. Es ist leicht und schnell zubereitet und belastet den Organismus nicht. Damit sorgt es für eine gute Verdauung und einen geregelten Stoffwechsel. Auch als Hauptmahlzeit, wenn es mal schnell gehen soll, ist Porridge hervorragend geeignet.

Hafer-Birnen-Brei

Für 2 Personen

150 g Hafer
300 ml Sojatrunk
4 – 5 kleine Birnen

Hafer grob schroten. Sojatrunk in einem Topf auf mittlerer Flamme erhitzen, bis er fast kocht, Haferschrot einrühren und kurz aufkochen lassen.
Den Topf schließen und den Brei bei schwacher Hitze 10 Minuten quellen lassen (dazu bei einer gusseisernen Platte am besten einen Drahtuntersetzer auf die Platte legen).
Die Birnen schälen, die Kerngehäuse herausschneiden und die Birnen im Mixer nicht zu klein pürieren.
In den Getreidebrei rühren.
Den Brei erneut erhitzen, aber nicht mehr kochen.

Hafer ist eine sehr nahrhafte Getreidesorte, Birnen geben dem Brei einen frischen Geschmack, und ein warmes Frühstück ist eine willkommene Abwechslung zu Müsli und Frischkornbrei.
Außerdem kommt dieses Frühstück ohne jede Süße aus, die fruchteigene Süße der Birnen reicht völlig aus, um den Brei zu einer köstlichen Schlemmerei zu machen!

Süßer Mangoamarant

Für 2 Personen

150 g Amarant
50 g getrocknete Mango
etwas Wasser zum Einweichen
300 ml Sojatrunk
gehackte Nüsse und/oder frisches Obst

Den Amarant unter fließendem heißem Wasser waschen und abtropfen lassen.
Die Mango in kleine Stücke schneiden und in etwas Wasser einweichen.
Sojatrunk und Amarant zusammen zum Kochen bringen, dabei öfter umrühren.
Nach dem Aufkochen Hitze reduzieren und den Brei 15 Minuten unter häufigem Rühren quellen lassen (dazu bei einer gusseisernen Platte am besten einen Drahtuntersetzer auf die Platte legen).
Nach der Quellzeit die eingeweichten Mangostücke mit dem Einweichwasser dazugeben, gut umrühren und weitere 10 Minuten quellen lassen.
Nach Geschmack mit gehackten Nüssen bestreuen und/oder mit frischem Obst servieren.

Frischkornbrei

Für 2 Personen

100 g Hafer
2 EL Leinsamen
etwas kaltes Wasser zum Einweichen
2 EL Weizenkeime
frisches Obst der Saison

Am Vorabend den Hafer grob schroten, anschließend den Leinsamen ganz oder geschrotet mit dem Haferschrot vermengen.
Nun so viel kaltes Wasser hinzugießen, dass alles aufgesogen wird.
Achtung, der Leinsamen nimmt eine Menge Flüssigkeit auf, deshalb muss nach einigen Minuten eventuell noch etwas Wasser nachgegossen werden!
Morgens den Brei noch einmal durchrühren, mit den Weizenkeimen vermengen und mit Obst der Saison servieren.

Kaum etwas ist gesünder und schneller und einfacher zubereitet als Frischkornbrei. Sie brauchen dazu allerdings eine Getreidemühle, denn die Körner sollten frisch geschrotet sein, da gemahlener Hafer schnell ranzig wird.

Buchweizenpfannkuchen

Für 2 Personen

150 g Buchweizen
200 ml kaltes Wasser
Salz nach Geschmack
vegane Pflanzenmargarine zum Braten

Den Buchweizen fein mahlen und zusammen mit Wasser und Salz einen dünnflüssigen Teig rühren.
Dabei beachten, dass der Buchweizen noch quillt und der Teig dadurch zähflüssiger wird.
Nach etwa 15 Minuten Ruhezeit den Teig noch einmal kräftig durchrühren; er sollte nun eine nicht zu flüssige, cremige Konsistenz haben.
Pflanzenmargarine in einer Pfanne nicht zu stark erhitzen, eine Schöpfkelle Teig hineingeben und den Pfannkuchen unter Wenden goldbraun braten. Dabei muss die Hitze hin und wieder reguliert werden.
Bis alle Pfannkuchen gebacken sind, können die schon fertigen Pfannkuchen im Ofen warm gehalten werden.
Mit süßen oder pikanten Saucen servieren (siehe auch Rezepte ab Seite 141).

Auf dem Bauernhof, auf dem ich als Jugendliche einige Zeit arbeitete, gab es zum Frühstück in der Regel für jeden eine Portion köstlicher pikanter Buchweizenpfannkuchen. Ich glaube nicht, dass er vegan zubereitet war, aber ich weiß, dass es immer zu wenig war!

Süßes indisches Reisfrühstück

Für 3 Personen

100 g Basmatireis
1 EL Erdnussöl
50 g halbe gelbe Mungbohnen (Moong-Dal)
2 EL halbe gelbe Erbsen (Channa-Dal)
200 ml Wasser
400 ml Sojatrunk
2 EL Roh-Rohrzucker
1½ TL gemahlener Kardamom
¼ Tasse Rosinen
¼ – ½ Tasse grob gehackte, ungesalzene Cashewkerne
frisches Obst der Saison

Reis mit kaltem Wasser waschen und abtropfen lassen.
Öl in einem Topf erhitzen. Mungbohnen und Erbsen darin unter Rühren bei mittlerer Hitze anrösten, bis sie eine leicht hellbraune Farbe annehmen.
Das Wasser zum Kochen bringen und zugießen, Wärmezufuhr reduzieren und das Ganze leicht zugedeckt 15 Minuten leise köcheln lassen.
Reis einrühren und zugedeckt weiter köcheln lassen, bis er sämtliche Flüssigkeit aufgenommen hat und fast gar ist.
Sojatrunk zugeben und kurz aufkochen lassen. Dann den Topf schließen und das Gericht bei geringer Hitze (dazu bei einer gusseisernen Platte am besten einen Drahtuntersetzer auf die Platte legen) quellen lassen, bis die Mischung dick und der Reis gar ist. Das dauert etwa 15 Minuten. Öfter umrühren, damit nichts anbrennt.
Roh-Rohrzucker, Kardamom und Rosinen untermischen und 3 Minuten kochen. Währenddessen die gehackten Cashewkerne anrösten und anschließend unterrühren.
10 Minuten zugedeckt ruhen lassen und mit frischem Obst der Saison servieren.

Dal schlicht als Linsen zu bezeichnen, wird der ungeheuren Vielfalt nicht gerecht. In Indien kennt man mehr als sechzig verschiedene Sorten dieser geschälten und halbierten Hülsenfrüchte. Inzwischen werden hierzulande einige Sorten dieser köstlichen Eiweißlieferanten in Bioläden und asiatischen Läden preisgünstig angeboten. Dieses Gericht – hier in einer veganen Variante – wird in Indien zur Erntezeit zubereitet und mit den Vögeln geteilt, um deren Nebeneinander mit den Menschen zu ehren.

Süßer Maispudding

Für 3 Personen

2 EL vegane Pflanzenmargarine
100 g Maismehl
300 ml Wasser
2 EL Roh-Rohrzucker
¼ Tasse Rosinen
frisches Obst der Saison
¼ Tasse ungesalzene, geröstete Kürbiskerne

Die Margarine in einem Topf schmelzen. Das Maismehl hineinrieseln lassen und mit der Margarine verrühren.
Nun die Mischung auf kleiner Flamme 10 Minuten unter ständigem Rühren rösten, bis sie goldgelb ist. Wasser zugeben und schnell verrühren. Wenn die Masse leicht angedickt ist, unter häufigem Rühren so lange kochen lassen, bis das Maismehl breiig ist.
Jetzt den Roh-Rohrzucker unterrühren und weiterkochen, bis er sich aufgelöst hat. Dann die Hitze reduzieren und die Rosinen einrühren. Das Obst in Scheiben schneiden.
Den Pudding mit Kürbiskernen bestreut und mit frischem Obst garniert servieren.

Ebenso wie das indische Reisfrühstück eine süße Kalorienbombe à la »wir können das Mittagessen ja weglassen«.

Brotaufstriche – süß und pikant

Der Vorteil selbst gemachter Brotaufstriche ist die ungeheure Vielfalt, die Abwechslung aufs Brot bringt, mit der keine Käsetheke mithalten kann. Die Auswahl an wirklich veganen Brotaufstrichen im Handel ist leider eher dürftig. Bestenfalls findet man vegetarische Aufstriche. Und hält man sich an die zahllosen Nussmuse, so wird man früher oder später vor dem Resultat erschauern: Die Waage ist unbarmherzig, lediglich ein »Hin und wieder« macht sich nicht bemerkbar.
Nichtsdestotrotz sind Nussmuse und Tahin (das sind geröstete, gemahlene Sesamsamen, wahlweise mit oder ohne Meersalz) bestens als Zutaten für viele Kreationen geeignet.
Nussmus aus konventionellem Anbau ist leider sehr häufig schadstoffbelastet, weswegen man auf den Zusatz *k. b. A. (kontrolliert biologischer Anbau)* achten sollte. Es ist nicht billig, aber sehr ergiebig.
Seien Sie auch vorsichtig mit gekauftem sogenannten »veganen Käse«. Er enthält meistens das Verdickungsmittel Carrageen (E 407), das sich im Tierversuch als gesundheitsschädlich herausgestellt hat.

Carobcreme

2 EL weißes Mandelmus
50 ml Sojatrunk
3 EL Carobpulver

Zuerst das Mandelmus in dem Sojatrunk auflösen und anschließend die Masse mit dem Carobpulver verrühren, bis eine streichfähige Creme entsteht.

Carobcreme benötigt keinen Zuckerzusatz, denn Carobpulver ist von Natur aus süß. Alle ungesunden Bestandteile des Kakaos fehlen, dafür steckt hier garantiert viel mehr Geschmack drin!

Hafer-Kokos-Aufstrich

200 ml Wasser
50 g Santen
(eingedickte Kokosmilch)
60 g Hafer

Für die Kokosmilch das Wasser zum Kochen bringen und die Santenstücke darin auflösen.
Den Hafer grob schroten.
Nun die Kokosmilch noch einmal erhitzen und kurz vor dem Kochen das Haferschrot einrühren, die Mischung kurz aufkochen, die Platte ausschalten und das Schrot auf der warmen Platte ausquellen lassen, bis eine streichfähige Masse entstanden ist.

Einige Tomatenscheiben und eine Prise Knoblauchpulver verfeinern pikante Aufstriche. Bananenscheiben geben süßen Aufstrichen eine besondere Note.

Mandarinen-Ingwer-Marmelade

3 kernlose Mandarinen, Clementinen o. Ä.
2 TL Flohsamenhülsen
1 TL frischer, fein gehackter Ingwer

Die Mandarinen auspressen, die Flohsamenhülsen in den Saft rühren und den Ingwer hinzugeben.
Die Marmelade ist nach etwa 30 Minuten Ruhezeit fertig.

Durch das Kochen verlieren die Früchte in gewöhnlicher Marmelade einen Großteil ihrer Vitamine. Diese Variante funktioniert ganz ohne Erhitzen und deshalb auch ohne Vitaminverlust. Der Aufstrich sollte allerdings schnell verbraucht werden, da er leicht eintrocknet.

Veganer Käse

2 EL weißes Mandelmus
50 ml Sojatrunk
1 TL Gemüsebrühpulver
Würzhefeflocken

Mandelmus in dem Sojatrunk cremig rühren und mit Gemüsebrühpulver und so viel Würzhefeflocken vermischen, bis eine dickflüssige, zähe Masse entstanden ist.
Dieser vegane Käse lässt sich natürlich auch nach Belieben würzen (siehe auch folgende Rezepte).

Veganer Paprika-Käse

2 EL weißes Mandelmus
50 ml Sojatrunk
1 TL Olivenöl
½ TL Gemüsebrühpulver
1 TL Paprikapulver
3 EL Würzhefeflocken

Das Mandelmus in dem Sojatrunk auflösen. Das Olivenöl sorgfältig mit der Mischung verrühren. Das Gemüsebrühpulver und das Paprikapulver untermischen und die Masse mit den Hefeflocken andicken.
Den Käse zum Quellen für einige Stunden in den Kühlschrank stellen.

Veganer Kräuter-Käse

2 EL weißes Mandelmus
50 ml Sojatrunk
1 TL Zitronensaft
2 – 3 TL frischer oder getrockneter Schnittlauch
½ TL Gemüsebrühpulver
3 EL Würzhefeflocken

Das Mandelmus in dem Sojatrunk auflösen und mit dem Zitronensaft vermischen.
Nun den Schnittlauch einrühren, Gemüsebrühpulver zugeben und die Masse mit den Hefeflocken andicken.
Einige Stunden im Kühlschrank ausquellen lassen.

Miso-Tahin

2 TL Gerstenmiso
1 EL Rosenwasser
2 EL ungesalzenes Tahin

Gerstenmiso im Rosenwasser auflösen und dann mit dem Tahin sorgfältig vermischen.

Sesam-Miso

1 EL ungesalzenes Tahin
2 EL Wasser
2 TL Shiro-Miso (Miso mit Reis)
1 TL Zuckerrübensirup

Tahin mit dem Wasser verrühren und Shiro-Miso unterrühren.
Zum Schluss die Mischung mit dem Zuckerrübensirup sorgfältig verrühren.

Shiro-Miso schmeckt leicht nach Karamel. Es eignet sich daher für süße und pikante Aufstriche.

Tomatenaufstrich

2 EL Tomatenmark
1 TL Olivenöl
1 EL getrocknetes, gehacktes Basilikum
1 Prise Meersalz
2 – 3 EL Würzhefeflocken

Das Tomatenmark mit dem Olivenöl, dem Basilikum und dem Meersalz vermischen und abschließend mit den Hefeflocken zu einer streichfähigen Masse verarbeiten.

Tofu-Creme

60 g Räuchertofu
1 EL Distelöl
1 EL Sojasauce
1 EL Tomatenmark, einfach konzentriert
2 EL Würzhefeflocken

Den Tofu grob zerkleinern und im Mixer mit dem Öl, der Sojasauce und dem Tomatenmark zu einer Paste verarbeiten. Anschließend die Hefeflocken unterrühren, bis eine streichfähige Creme entstanden ist.

Avocado-Kräuter-Aufstrich

1 nicht zu reife Avocado
1 TL Zitronensaft
1 EL gehackter Schnittlauch
1 EL gehackter Dill

Die Avocado der Länge nach aufschneiden, den Kern herauslösen und das Fruchtfleisch mit einem Löffel aus der Schale kratzen.
Das Fruchtfleisch unter Zugabe von Zitronensaft im Mixer oder mit dem Pürierstab pürieren.
Zum Schluss noch die gehackten Kräuter unterrühren und den Aufstrich in ein Glas mit gut schließendem Deckel füllen, damit er nicht zu schnell braun wird. Möglichst bald aufbrauchen!

Süße Avocadocreme

1 nicht zu reife Avocado
1 TL Zitronensaft
2 EL Apfeldicksaft

Die Avocado der Länge nach aufschneiden, den Kern herauslösen und das Fruchtfleisch mit einem Löffel herausschaben.
Zusammen mit dem Zitronensaft und dem Apfeldicksaft im Mixer zu einer cremigen Masse pürieren.

Avocados sollten fest sein, sich aber mit dem Daumen etwas eindrücken lassen. Unreife Früchte sind genauso ungenießbar wie matschige. Zum Nachreifen kann man sie für einen Tag in Zeitungspapier einwickeln und an einem kühlen, aber nicht kalten Ort aufbewahren.
Es ist besser, eine unreife Frucht nachreifen zu lassen, als sich über halbverfaulte Avocados zu ärgern!

Suppen

Suppen werden oft als Vorspeisen gereicht oder zu Schonkost degradiert, dabei sind sie so vielfältig: In China werden sie zum Beispiel häufig als »Getränk« zu den Mahlzeiten gereicht. Das sind dann meistens dünne Suppen, die zwischen den Gängen »den Gaumen reinigen« sollen oder einen Ausgleich zu den würzigen Speisen darstellen.
Ganz anders sind die Dal-Suppen der indischen Küche. Diese gehaltvollen und zum Teil sämigen Hülsenfrüchtesuppen spielen eine Hauptrolle in der vegetarischen (und veganen!) Küche Indiens.
In unserem europäischen Klima sind sie ebenso geeignet, uns im Winter so richtig durchzuwärmen oder im Sommer zu erfrischen – je nach Zutaten.

Misosuppe mit Vermicelli

Für 3 Personen

1 Zwiebel
1½ l Gemüsebrühe
150 g Vermicelli
3 EL Mugi-Miso

Die Zwiebel schälen und fein hacken. Die Gemüsebrühe in einem Topf zum Kochen bringen, die Vermicelli und die gehackte Zwiebel darin 10 Minuten garen. Dann die Hitze reduzieren. Mit einem Schneebesen das Miso hineinrühren, bis die Suppe gebunden ist. Nicht mehr kochen lassen, damit die wertvollen Inhaltsstoffe des Miso nicht zerstört werden.
Noch eine Minute bei ausgeschalteter Platte ziehen lassen und anschließend mit Chapati (Seite 153) oder Pita (Seite 152) servieren.

Vermicelli sind dünne Fadennudeln aus Weizen- oder Reismehl. Sie sind in asiatischen Lebensmittelgeschäften erhältlich.

Tomatensuppe

Für 3 Personen

1 kg feste, reife Tomaten
1 EL Pflanzenöl
1 TL gemahlener Koriander
¼ TL Asafoetida
4 EL frische, gehackte Korianderblätter
2 TL Roh-Rohrzucker
½ TL Salz
¼ TL gemahlener schwarzer Pfeffer
¼ TL Cayennepfeffer
1 EL vegane Pflanzenmargarine
1 EL Weizenvollkornmehl
200 ml Sojatrunk
1 EL Zitronensaft

Die Tomaten waschen, von den Stielansätzen befreien und achteln.
Das Öl in einem Topf erhitzen, den gemahlenen Koriander und das Asafoetida wenige Sekunden anbraten, dann die Tomaten hinzugeben. Die Platte auf kleine bis mittlere Hitze stellen und die Tomaten 20 – 25 Minuten kochen, bis sie sehr weich sind. Die Tomaten mit einem Pürierstab pürieren und gehackten Koriander, Roh-Rohrzucker, Salz, schwarzen Pfeffer und Cayennepfeffer hinzufügen.
Die Margarine in einem kleinen Topf erhitzen und das Mehl unter ständigem Rühren darin leicht anbräunen. Langsam den Sojatrunk dazugießen und weiterkochen. Mit einem Schneebesen ständig rühren, damit die Mischung gleichmäßig andickt und sich keine Klümpchen bilden.
Nun die Sojatrunk-Mehl-Mischung in das Tomatenpüree gießen und mit dem Schneebesen gut umrühren.
Zum Schluss den Zitronensaft dazugeben und unterrühren.
Heiß mit Chapatis (Seite 153) servieren.

Fenchelsuppe

Für 3 Personen

700 g frische Fenchelknollen
1 EL Pflanzenöl
2 Lorbeerblätter
1 TL gemahlener Koriander
¼ TL Asafoetida
1 TL Kurkuma
500 ml Wasser
1 TL Salz
¼ TL Cayennepfeffer
1 EL vegane Pflanzenmargarine
3 EL Weizenvollkornmehl
400 ml Sojatrunk

Zuerst den Fenchel gründlich waschen, von den Stielen und holzigen Teilen befreien und in kleine Stückchen schneiden.
Das Öl erhitzen, die Gewürze – außer Pfeffer und Salz – darin für einige Sekunden anrösten, dann die Fenchelstücke hinzugeben und unter Rühren 3 – 4 Minuten anbraten.
Nun Wasser, Salz und Pfeffer zufügen, aufkochen lassen und bei mittlerer Hitze im geschlossenen Topf 20 Minuten kochen. Die Lorbeerblätter herausfischen und die Suppe mit einem Pürierstab pürieren. Auf kleiner Flamme warm halten.
Zum Schluss die Margarine in einem kleinen Topf schmelzen lassen, das Mehl hineingeben und kurz unter Rühren anbräunen. Jetzt den Sojatrunk hineingeben; dabei mit einem Schneebesen ständig rühren, um die Klümpchenbildung zu verhindern, bis eine dicke Sauce entsteht.
Diese Mischung in die Suppe gießen und das Ganze noch einmal kurz aufkochen lassen. Heiß mit Chapatis (Seite 153) servieren.

Sojatrunk brennt schnell an! Bevor man ihn in den heißen Topf gießt, sollte man bei einer gusseisernen Platte einen Drahtuntersetzer unter den Topf legen.

Sämige Kartoffelsuppe

Für 2 – 3 Personen

600 g Kartoffeln
2 Stangen Lauch
1 EL Olivenöl
3 TL getrockneter, gehackter Schnittlauch
1 l Wasser
½ TL Salz
evtl. frisch gehackter Schnittlauch zum Bestreuen

Die Kartoffeln schälen und in dünne Scheiben schneiden, den Lauch der Länge nach aufschneiden und gründlich waschen, anschließend ebenfalls in dünne Scheiben schneiden.
Olivenöl in einem Topf nicht zu heiß werden lassen und den Schnittlauch einige Sekunden darin anbraten.
Lauch hinzugeben und mitbraten, bis er weich ist.
Dann die Kartoffelscheiben hinzufügen und 3 Minuten unter Rühren ebenfalls mitbraten.
Jetzt das Wasser angießen, salzen und alles etwa 20 Minuten leise köcheln lassen.
Schließlich die Suppe vom Herd nehmen und mit dem Pürierstab pürieren.
Noch einmal erhitzen, aber nicht mehr kochen.
Heiß servieren, eventuell mit frischem, gehacktem Schnittlauch bestreut.

Sämige Maissuppe

Für 2 – 3 Personen

150 g Maiskörner
Wasser zum Einweichen
1 Zwiebel
1 EL vegane Pflanzenmargarine
1 TL Weizenvollkornmehl
750 ml Sojatrunk
1 EL Gemüsebrühpulver
½ TL geriebene Muskatnuss

Die Maiskörner über Nacht, mindestens aber zwölf Stunden, einweichen. Das Wasser auf 400 ml auffüllen, aufkochen lassen und den eingeweichten Mais auf kleiner Flamme darin 90 Minuten kochen. Anschließend mit dem Pürierstab pürieren.
Die Zwiebel schälen und klein hacken. In einem hohen Topf die Margarine bei geringer Hitze schmelzen und die Zwiebelstücke darin anbräunen. Vollkornmehl unter Rühren zugeben.
Zum Schluss den pürierten Mais, Sojatrunk, Gemüsebrühpulver und Muskat zugeben und alles gut verrühren.
Vorsichtig kurz aufkochen lassen und die Suppe auf kleiner Flamme 20 Minuten kochen.

Diese Suppe kann als Hauptmahlzeit serviert werden, denn sie ist sehr sättigend.

Sämige Möhren-Rote-Bete-Suppe

Für 2 – 3 Personen

300 g Möhren
400 g Rote Bete
1 EL Sesamöl
1 TL gemahlener Kreuzkümmel
¼ TL Asafoetida
1 TL Kurkuma
500 ml Wasser
1 TL Salz
¼ TL Cayennepfeffer
4 Zitronenblätter
1 EL vegane Pflanzenmargarine
3 EL Weizenvollkornmehl
400 ml Sojatrunk

Zuerst Möhren und Rote Bete schälen und in kleine Stückchen schneiden.
Das Öl erhitzen, Kreuzkümmel, Asafoetida und Kurkuma darin für einige Sekunden anrösten, dann die Gemüsestücke hinzugeben und unter Rühren 3 – 4 Minuten anbraten. Nun Wasser, Salz, Cayennepfeffer und Zitronenblätter zufügen, aufkochen lassen und bei mittlerer Hitze im geschlossenen Topf 20 Minuten kochen. Die Zitronenblätter herausnehmen und die Suppe mit einem Pürierstab zermusen. Auf kleiner Flamme warm halten.
Zum Schluss die Margarine in einem kleinen Topf schmelzen, das Mehl unter Rühren hineingeben und kurz anbräunen, dabei weiterrühren. Jetzt den Sojatrunk hineingeben, dabei mit einem Schneebesen kräftig schlagen, um Klümpchenbildung zu verhindern. Diese Mischung in die Suppe gießen und das Ganze noch einmal kurz aufkochen lassen.
Heiß mit Chapatis (Seite 153) servieren.

Der Kreativität sind bei dieser Suppe keine Grenzen gesetzt: Je nach Saison kann man zwischen Fenchel, Möhren, Roter Bete, Blumenkohl, Kohlrabi und Kartoffeln wählen.

Gemüsesuppe mit Tofu

Für 2 – 3 Personen

500 g Blumenkohl
1 mittelgroße Zwiebel
2 Stangen Lauch
1 EL Olivenöl
½ TL getrockneter, geriebener Salbei
1 TL Estragon
1 TL getrockneter Schnittlauch
500 ml Wasser
1 TL Salz
½ TL Muskatblüte
¼ TL Pfeffer
2 EL vegane Pflanzenmargarine
3 EL Weizenvollkornmehl
400 ml Sojatrunk
200 g Räuchertofu

Den Blumenkohl in kleine Röschen schneiden. Die Zwiebeln schälen und fein hacken und den Lauch in dünne Ringe schneiden. Das Olivenöl in einem schweren Kochtopf nicht zu stark erhitzen. Salbei, Estragon und Schnittlauch für einige Sekunden in dem Öl anrösten, Zwiebel und Lauch hinzufügen und kurz anbraten, bis sie glasig sind. Sofort die Blumenkohlstücke hinzufügen und unter Rühren anbraten, sodass das Gemüse leicht anbräunt.
Wasser, Salz, Muskatblüte und Pfeffer dazugeben, den Topf schließen, und alles auf mittlerer Flamme kochen lassen; dabei öfter umrühren, bis das Gemüse weich und zart ist.
Die Gemüsestücke zu Brei zerstampfen oder pürieren.

Während das Gemüse kocht, die Margarine in einem kleinen Topf auf mittlerer Flamme erhitzen, das gesiebte Mehl dazugeben und unter Rühren anbräunen. Dann den Sojatrunk hinzufügen. Diese Mischung für 2 Minuten mit einem Schneebesen schlagen, bis sie angedickt ist, dann mit der Suppe verrühren und kurz aufkochen lassen.
Den Tofu in 2 cm große Würfel schneiden. Diese Stücke zugeben und mit der Suppe verrühren. Nochmals erhitzen, aber nicht mehr kochen.
Heiß mit Fladenbrot nach Wahl (ab Seite 152) servieren!

Die Angaben zur Personenzahl sind für eine kleinere Mahlzeit ausgelegt. Für eine Hauptspeise sollten die Zutaten etwas großzügiger bemessen werden.

Zitronensuppe

Für 2 – 3 Personen

1 Zimtstange
6 Gewürznelken
1 TL schwarze Pfefferkörner
3 Kardamomkapseln
300 g Kartoffeln
2 Zwiebeln
1 EL Erdnussöl
1 TL Kurkuma
1 l Gemüsebrühe
250 ml Sojatrunk
Salz nach Geschmack
2 EL Zitronensaft

Zuerst die Zimtstange in Stücke brechen und zusammen mit den Gewürznelken, dem schwarzen Pfeffer und dem Kardamom in ein sauberes Tee-Ei geben.
Die Kartoffeln und Zwiebeln schälen und klein schneiden. Nun das Erdnussöl in einem großen Topf erhitzen und die Zwiebel- und Kartoffelstücke darin anbraten.
Nach etwa 5 Minuten Kurkuma zugeben und mit der Gemüsebrühe ablöschen.
In diese heiße Brühe das Tee-Ei mit den Gewürzen hängen, alles einmal aufkochen lassen und dann bei geringer Hitze etwa 25 Minuten kochen.
Jetzt das Gewürz-Ei herausnehmen und gut abtropfen lassen.
Die Suppe mit einem Pürierstab pürieren.
Zum Schluss den Sojatrunk, das Salz und den Zitronensaft hinzugeben.
Als Beilage passt jede Art von Fladenbrot (ab Seite 152).

Variante:
Eine ganz raffinierte Suppe erhält man, wenn man statt Sojatrunk Kokosmilch verwendet.
Dazu benötigt man 50 g Santen und 200 ml kochendes Wasser. Das Santen wird in dem kochenden Wasser aufgelöst – damit bekommt man eine Alternative zum Sojatrunk!

Grünkernsuppe

Für 3 Personen

1 l Wasser
250 g Grünkernschrot
1 TL Gemüsebrühpulver
2 TL getrockneter, gehackter Estragon

Das Wasser zum Kochen bringen, das Schrot, das Gemüsebrühpulver und den Estragon einrühren und etwa 20 Minuten kochen.
Heiß servieren.

Getreidesuppen sind nahrhaft, sättigend und wärmen den Körper! Ein Rohkostsalat rundet die Getreidemahlzeit ab.

Kalte Gurkensuppe

Als Vorspeise für 3 – 4 Personen

30 g weißes Mandelmus
600 ml Sojatrunk
2 EL Zitronensaft
1 EL getrockneter oder frischer gehackter Dill
1 TL Meersalz
50 g Rosinen
1 große Salatgurke
1 Knoblauchzehe

Mandelmus in dem Sojatrunk auflösen und anschließend mit dem Zitronensaft verquirlen. Dill und Meersalz untermischen und das Ganze mit den Rosinen vermengen. Die Gurke schälen und in 2 cm lange Stücke schneiden. Knoblauch schälen und fein hacken. Zum Schluss die Gurke und den Knoblauch mit der Suppe vermengen und bis zum Verzehr etwa eine Stunde in den Kühlschrank stellen.
Vor dem Servieren noch einmal gründlich durchrühren.

Dieses Gericht ist von der persischen Joghurtsuppe inspiriert und eignet sich hervorragend für den Sommer!

Schnelle Gerichte

Zeitbegriffe wie schnell oder langsam sind relativ. Mancher kommt nach Hause und möchte sofort etwas Warmes essen. In diesem Fall wird es schwierig, sich gesund zu ernähren, und die Tiefkühltruhe des Supermarktes ist gefragt. Mikrowellenessen ist aber sicherlich nicht sehr befriedigend, meist nicht rein vegetarisch und außerdem bestimmt nicht besonders gesund.
Die Zubereitung jeder Mahlzeit kann aber zur Meditation werden und muss keineswegs Stress und Hektik bedeuten. Ein noch so einfaches Essen kann, in Ruhe zubereitet und in Ruhe genossen, einen idealen Ausklang des Tages darstellen.

Grundrezept Gekochtes Grünkernschrot

150 g Grünkern
Gewürze nach Belieben
etwas Pflanzenöl
etwas Sojasauce
400 ml Wasser
2 EL Paniermehl
2 EL Sojamehl, vollfett

Grünkern schroten. Das Schrot nach Bedarf mit Gewürzen und etwas Pflanzenöl anrösten, mit Sojasauce ablöschen und mit Wasser aufkochen. Den Brei einfach auf kleiner Flamme ziehen lassen, bis alles Wasser aufgesogen ist. Dabei hin und wieder umrühren.
Mit Paniermehl und einer Paste aus Sojamehl, das in etwas Wasser cremig gerührt wurde (Ei-Ersatz), vermischen.
Das gekochte Schrot kann zu vielfältigen Variationen, zum Beispiel zu Bratlingen oder Klößchen, verarbeitet oder als Füllung für Gemüse verwendet werden (siehe z. B. Rezepte Seite 97, 117 und 118).

Reis mit Moong-Dal und Ingwer

Für 2 – 3 Personen

2 EL Erdnussöl
200 g halbe gelbe Mungbohnen (Moong-Dal)
200 g ungeschälter Basmatireis
1,2 l Wasser
½ TL Meersalz (nach Belieben)
½ EL gehackte Cashewkerne
1½ TL Kreuzkümmelsamen
2 EL frisch gehackter Ingwer
½ TL schwarze Pfefferkörner

1 EL Öl bei mittelstarker Hitze in einem Topf erhitzen. Mungbohnen hineingeben und unter Rühren kurz anbraten. Reis hinzugeben und etwa 30 Sekunden mitbraten. Wasser und Salz hinzufügen und zum Kochen bringen. Ständig rühren, damit sich keine Klumpen bilden.
Dann die Hitze wieder auf mittlere Stufe reduzieren und das Ganze leicht zugedeckt 10 Minuten kochen lassen.
In der Zwischenzeit die Cashewkerne in einer trockenen Pfanne rösten. Bohnen und Reis hin und wieder umrühren. Topf ganz schließen, auf kleinste Hitze stellen (dazu bei einer gusseisernen Platte am besten einen Drahtuntersetzer auf die Platte legen) und weitere 10 – 15 Minuten leicht kochen lassen. Dann die Platte ausschalten.
1 EL Öl in einem kleinen Topf erhitzen. Kreuzkümmel und Ingwer hinzugeben und 5 Sekunden braten. Die Pfefferkörner in einem Mörser zerquetschen. Dann die Öl-Gewürz-Mischung in den Eintopf geben und behutsam verrühren.
Schließlich noch das Pfefferschrot untermischen und zum Schluss die gerösteten Cashewkerne darüberstreuen.
Mit einem Rohkostsalat servieren.

Bei großem Hunger oder bei größerer Personenzahl können Sie die Mengen für Reis und Dal um 100 g pro Person erhöhen. Auch die Wassermenge muss dann erhöht werden, als Richtwert gilt die dreifache Menge der trockenen Zutaten.

Soja-»Milch«reis

Für 2 – 3 Personen

200 g Rundkornreis
50 g halbe gelbe Erbsen (Channa-Dal)
Wasser zum Einweichen
2 Zimtstangen
3 Kardamomkapseln
300 ml Wasser
400 ml Sojatrunk
1 große Banane
50 g getrocknete Aprikosen
50 g Jaggery
Obst der Saison zum Garnieren

Rundkornreis und Channa-Dal waschen, abtropfen lassen und zusammen eine halbe Stunde in so viel kaltem Wasser einweichen, dass sie 2 cm hoch bedeckt sind.
Anschließend abgießen und mit Gewürzen, Wasser und Sojatrunk unter häufigem Rühren zum Kochen bringen.
Wenn die Mischung andickt, bei geringer Hitze ausquellen lassen. Dafür bei einer gusseisernen Platte am besten einen Drahtuntersetzer auf die Platte legen. Eventuell noch etwas Sojatrunk hinzufügen.
Die Bananen schälen und in Scheiben schneiden und die Aprikosen halbieren. Aprikosen, Bananenscheiben und Jaggery zum Reis geben und ebenfalls 20 Minuten darin ziehen lassen.
Mit frischem Obst der Saison garniert servieren.

Grünkern-Paprika-Bratlinge

Als Beilage für 2 – 3 Personen

150 g Grünkern
400 ml Wasser
1 TL getrockneter Estragon
1 Prise Salz
1 grüne Paprikaschote
1 EL Sojamehl, vollfett
etwas Wasser zum Anrühren
2 EL Paniermehl aus Vollkornbrot
vegane Pflanzenmargarine zum Ausbacken

Den Grünkern grob schroten. Das Wasser erhitzen und, kurz bevor es kocht, Grünkernschrot, Estragon und Salz einrühren und aufkochen lassen, bis die Masse beginnt, einzudicken. Dabei ständig rühren.
Die Hitze reduzieren und den Brei ausquellen lassen.
Inzwischen die Paprikaschote in sehr kleine Stücke schneiden und das Sojamehl in etwas Wasser cremig rühren. Wenn der Grünkernbrei das ganze Wasser aufgesogen hat, die Sojamehlcreme und das Paniermehl einrühren, Paprikastückchen einarbeiten und einen formbaren Teig herstellen.
Nun aus dem Teig mit angefeuchteten Händen Bratlinge formen.
Margarine in einer Pfanne erhitzen und die Bratlinge unter häufigem Wenden ausbacken.
Dazu passt Avocadodip (Seite 148) oder scharf-süß-saure Sauce (Seite 144).

Ofenkartoffeln mit Tofuquark

Für 4 Personen

etwa 1,2 kg gleich große Kartoffeln
Fett für das Blech
eventuell etwas Olivenöl

Für den Tofuquark:
100 g Tofu
1 EL Zitronensaft
½ TL Salz
200 ml Sojatrunk
2 – 3 Knoblauchzehen
2 EL frische oder
3 TL getrocknete Kräuter
(z. B. Schnittlauch und Dill)

Die Kartoffeln, je nach Größe, halbieren oder vierteln (ganze Kartoffeln platzen leicht) und mit den Schnittflächen nach oben auf ein gefettetes Backblech legen. Die Schnittstellen können auch mit etwas Olivenöl bepinselt werden, das verleiht den Kartoffeln eine interessante Note. Statt des gefetteten Blechs lässt sich natürlich auch Backpapier verwenden.
Die geteilten Knollen 40 – 45 Minuten bei 180 °C im vorgeheizten Ofen backen.
In der Zwischenzeit den Quark zubereiten. Dafür den Tofu waschen und in Stücke schneiden und zusammen mit Zitronensaft, Salz und Sojatrunk so lange mixen, bis eine cremige Masse entstanden ist.
Den Knoblauch schälen und ebenso wie die Kräuter fein hacken und zum Schluss unterrühren.

Ofenkartoffeln ohne Alufolie zuzubereiten, ist umweltfreundlicher. Inzwischen gibt es auch tönerne »Kartoffelröster«, die die Alufolie überflüssig machen. Man kann die Kartoffeln aber auch, wie hier, auf einem Blech zubereiten. Dann sollten sie halbiert werden, da sie sonst platzen könnten.
Am besten eignen sich Frühkartoffeln, aber auch später im Jahr kann man Kartoffeln durchaus mit Schale verzehren. Dann sollte aber darauf geachtet werden, dass keine grünen Stellen an den Kartoffeln sind, denn sie enthalten das gesundheitsschädliche Alkaloid Solanin.

Kartoffelgratin

Für 3 – 4 Personen

800 g Kartoffeln
Margarine für die Form
100 ml Sojatrunk
2 TL vegane Pflanzenmargarine
2 EL frischer oder 2 TL getrockneter, gehackter Schnittlauch zum Bestreuen

Für den Guss:
30 g weißes Mandelmus
100 ml Sojatrunk
1 TL Gemüsebrühpulver
2 EL Hefeflocken
1 EL Sojamehl, vollfett

Kartoffeln schälen und in dünne Scheiben schneiden. Die Kartoffelscheiben locker in eine mit Margarine ausgepinselte Auflaufform mit Deckel schichten. 100 ml Sojatrunk darübergießen und beiseite stellen. Den Backofen auf 200 °C vorheizen. Für den Guss das weiße Mandelmus in dem Sojatrunk auflösen und Gemüsebrühpulver, Hefeflocken und Sojamehl hineinrühren, bis eine cremige Masse entstanden ist. Den fertigen Guss über die Kartoffeln gießen. Pflanzenmargarine in Flöckchen auf das Gratin setzen und mit Schnittlauch bestreuen.
Etwa 55 Minuten überbacken, Deckel von der Form nehmen und noch 10 – 15 Minuten fertigbacken.
Dazu passt sehr gut ein Rote-Bete-Carpaccio (Seite 107).

Avocadocurry

Als Beilage für 2 – 3 Personen

1 große, reife Avocado
1 EL Zitronensaft
50 g Korianderblätter
8 getrocknete Curryblätter (Kari)
Salz nach Geschmack
1 große Zwiebel
1 EL Pflanzenöl
1 TL schwarze Senfsamen
1 TL fein gehackter Knoblauch
1 EL frischer, fein gehackter Ingwer
½ TL Currypulver

Avocado der Länge nach halbieren und den Stein entfernen. Fruchtfleisch mit einem Löffel herauskratzen und mit dem Zitronensaft im Mixer pürieren. Korianderblätter fein hacken und zusammen mit Curryblättern und Salz untermischen. Beiseite stellen. Die Zwiebel schälen und fein hacken.
Öl in einem kleinen Topf bei mittlerer Hitze erhitzen. Senfsamen hineingeben. Einen Deckel bereithalten, da die Samen platzen und hochspritzen. Sobald die Samen aufhören zu springen, Knoblauch und Ingwer hinzufügen und etwa 5 Sekunden braten. Die fein gehackte Zwiebel dazugeben und unter Rühren mitrösten, bis die Würfel glasig und weich sind. Currypulver unterrühren und kurz weiterrösten.
Avocadomischung hinzugeben, die Platte abstellen und alles gut vermischen.
Mit Reis und Grünkernkebabs (Seite 117) servieren.

Hirseauflauf mit Yaki-Nori

Für 2 – 3 Personen

1 Blatt Yaki-Nori
etwas Wasser zum Einweichen
Fett für die Form
200 g Hirse
500 ml Wasser
2 EL Sojamehl, vollfett
etwas Wasser zum Anrühren
½ TL Salz
1 TL Paprikapulver
½ TL Cayennepfeffer
1 TL gemahlener Kreuzkümmel
2 TL vegane Pflanzenmargarine

Das Yaki-Nori-Blatt in kleine Stücke reißen und in etwas kaltem Wasser einweichen. Es sollte leicht mit Wasser bedeckt sein, aber nicht darin schwimmen. Eine Auflaufform sorgfältig mit veganer Pflanzenmargarine auspinseln. Die Hirse heiß waschen und abtropfen lassen.

Inzwischen das Wasser zum Kochen bringen, die Hirse hineingeben und 15 Minuten kochen; hin und wieder umrühren. Anschließend den Herd ausstellen und die Hirse noch 10 – 15 Minuten quellen lassen (dafür bei einer gusseisernen Platte einen Drahtuntersetzer auf die Platte legen, um die Hitze zu reduzieren).
Backofen auf 180 °C vorheizen.
Das Sojamehl in etwas Wasser cremig rühren. Schließlich die Hirse mit den Algen und dem Einweichwasser, den Gewürzen und dem angerührten Sojamehl sorgfältig mischen, in die gefettete Auflaufform füllen und gleichmäßig festdrücken.
Ein paar Flöckchen Pflanzenmargarine darauf verteilen und 30 Minuten backen. Dazu schmeckt ein Sprossensalat mit Knoblauch-Öl-Dressing (Seite 145).

Yaki-Nori ist eine Algenart, die in asiatischen Lebensmittelgeschäften und gut sortierten Naturkostläden (in der Makrobiotik-Ecke) erhältlich ist.
Statt Nori können Sie aber auch Seetang verwenden.
Die Algen werden in gepresster, getrockneter Form verkauft; in einer Packung sind immer mehrere »Blätter« gepresstes Meeresgemüse enthalten.
Damit keine Vitamine mit dem Einweichwasser weggeschüttet werden, empfiehlt es sich, zunächst nur sehr wenig Wasser auf die Algenblätter zu gießen und lieber später noch etwas Wasser hinzuzufügen, wenn die Algen alles aufgesogen haben.

Grüne Buchweizenpfannkuchen

Für 2 – 3 Personen

1 Blatt Seetang
etwas Wasser zum Einweichen
150 g Buchweizen
200 ml Wasser
2 TL Kreuzkümmelsamen
½ TL Salz
vegane Pflanzenmargarine zum Braten

Zuerst den Seetang in kleine Stücke reißen und in etwas Wasser einweichen. Das Wasser sollte das Meeresgemüse gerade eben bedecken und nach der Einweichzeit fast vollständig aufgesogen sein.
Inzwischen den Buchweizen fein mahlen und mit dem Wasser zu einem zähflüssigen Teig verrühren. Dabei beachten, dass der Buchweizen noch quillt und der Teig dadurch noch zäher wird. Die Kreuzkümmelsamen hineinrühren und den Teig ruhen lassen.
Nach etwa 15 Minuten Seetang und Salz in den Pfannkuchenteig mischen. Wenn der Teig zu flüssig sein sollte, eventuell noch etwas Buchweizenmehl hineingeben.
Nun etwas Pflanzenmargarine erhitzen und jeweils eine Schöpfkelle mit Teig in das heiße Fett gießen.
Die Fladen können mit der Kelle gut etwas auseinandergestrichen werden, sie sollten allerdings nicht zu groß werden, sonst gibt es Schwierigkeiten beim Wenden.
Die fertigen Pfannkuchen bei 100 °C im Backofen warm halten, bis alle ausgebacken sind.
Dazu passt Apfel- oder Mangochutney (Seite 141 und 142).

Spaghetti à la Tofubolognese

Für 2 – 3 Personen

2 l Wasser
1 TL Salz
200 g Vollkorn-Spaghetti
eventuell etwas vegane Pflanzenmargarine

Für die Sauce:
250 g Räuchertofu
2 mittelgroße Zwiebeln
2 Knoblauchzehen
1 EL Olivenöl
2 TL getrocknetes Basilikum
je ½ TL Rosmarin, Salbei, Thymian und Oregano
200 g Tomatenmark
400 ml Wasser

Für die Sauce den Räuchertofu unter fließendem Wasser waschen, abtropfen lassen bzw. ausdrücken und anschließend zerbröckeln.
Nun die Zwiebeln und den Knoblauch schälen und fein hacken. Das Olivenöl in einem Topf nicht zu stark erhitzen. Es darf nicht so heiß werden, dass es raucht. Hitze reduzieren und die getrockneten Kräuter in dem Öl einige Sekunden anbraten. Zwiebeln und Knoblauch hinzufügen und ebenfalls für einige Minuten braten.
Als Nächstes die Tofubröckchen hinzufügen, kurz braten, dann Tomatenmark untermischen und schließlich das Wasser angießen. Alles sorgfältig vermischen, kurz aufkochen lassen und die Hitze wieder reduzieren.
Die Sauce darf nicht mehr kochen.
Bei einer gusseisernen Platte eventuell einen Drahtuntersetzer auf die Platte legen, damit der Topf nicht zu heiß wird.
Das Wasser mit dem Salz für die Spaghetti zum Kochen bringen, die Spaghetti hineingeben und 5 – 8 Minuten sprudelnd kochen lassen.
Wasser durch ein Sieb abgießen, die Nudeln mit kaltem Wasser abschrecken und zurück in den warmen Topf geben.
Eventuell kann noch etwas Margarine unter die Spaghetti gemengt werden.
Sofort mit der Sauce servieren.

Servieren Sie als Vorspeise eine kalte Gurkensuppe (Seite 92)!
Wer die Säure von Tomatenmark als unangenehm empfindet, sollte einfach konzentriertes Tomatenmark wählen, das weniger säuerlich ist.

Brokkoliauflauf

Für 2 – 3 Personen

500 g Brokkoli
Fett für die Form
2 EL Sesamöl
1 TL gemahlener Kreuzkümmel
1 TL gemahlener Koriander
100 ml Wasser
½ TL Salz

Für den Guss:
50 g weißes Mandelmus
150 ml Sojatrunk
2 EL Würzhefeflocken
1 TL Gemüsebrühpulver
1 EL Sojamehl, vollfett

Für den Guss das Mandelmus in dem Sojatrunk auflösen, dann die Würzhefeflocken und Gemüsebrühpulver zugeben und mit dem Sojamehl zu einer cremigen Masse verrühren.

Brokkoli waschen und in kleine Röschen teilen, die Stiele schälen und in 1 cm starke Scheiben schneiden.
Eine Auflaufform sorgfältig mit Margarine auspinseln. Sesamöl in einem großen Topf nicht zu stark erhitzen und die Gewürze darin wenige Sekunden anbraten. Den Brokkoli zugeben und ebenfalls kurz mitbraten.
Nun das Wasser zugeben und das Gemüse 5 Minuten weichdünsten, salzen und in die Auflaufform füllen. Den Guss darüber verteilen und alles im vorgeheizten Backofen bei 180 °C 30 Minuten überbacken. Mit Reis servieren.

Brokkoli sollte frisch sei, denn schon nach zwei Tagen im Kühlschrank wird er welk und beginnt, intensiv nach Kohl zu riechen.

Fladenbrot mit Hummus bi Tahina

Für 2 – 3 Personen

mindestens 4 kleine Fladenbrote (Pita) (Seite 152)

Für das Hummus bi Tahina:
100 g Kichererbsen
Wasser zum Einweichen
300 ml Wasser zum Kochen
3 – 4 Knoblauchzehen
2 EL fein gehackte Petersilie
1 EL Zitronensaft
50 g Tahin
2 EL Olivenöl

Die Kichererbsen waschen und über Nacht in reichlich Wasser einweichen, dieses sollte die Erbsen 2 cm hoch bedecken. Dann in Wasser etwa 45 Minuten kochen und das überschüssige Wasser abgießen.
Den Knoblauch schälen und fein hacken. Wenn die Erbsen etwas abgekühlt sind, mit allen Zutaten für die Füllung in einen Mixer geben und so lange pürieren, bis eine streichfähige, cremige Masse entstanden ist.
In der Zwischenzeit die Pitas aufbacken.
Das fertige Hummus bi Tahina in die aufgeschnittenen oder aufgebrochenen heißen Fladenbrote füllen und sofort genießen.

Übriggebliebenes Hummus eignet sich übrigens auch hervorragend als Brotaufstrich. Am schnellsten ist dieses Gericht zubereitet, wenn man dafür fertiges (Vollkorn-)Fladenbrot aufbackt. Etwas aufwendiger ist die Zubereitung von selbst gebackenem Pita. Bei Pizza und überbackenem Brot sollte man übrigens darauf achten, dass der flüssige Belag auch auf dem Rand großzügig verteilt ist, sonst wird der Teig dort schnell trocken und hart.

Überbackenes Weizenbrot

Für 3 – 4 Personen

200 g Tomatenmark
1 EL Miso
1 EL Olivenöl
8 Scheiben frisches, feines Weizenvollkornbrot
vegane Pflanzenmargarine zum Bestreichen
100 g Räuchertofu
30 g weißes Mandelmus
100 ml Sojatrunk
2 EL Würzhefeflocken
1 TL Gemüsebrühpulver
1 EL Sojamehl, vollfett

Für den Belag Tomatenmark, Miso und Olivenöl gleichmäßig vermischen.
Dann die Brotscheiben auf ein mit Backpapier ausgelegtes Blech legen, mit Margarine bestreichen und die Tomatenmischung großzügig darauf verteilen.

Den Tofu in etwa ½ cm große Würfel schneiden. Nun die Tofustücke auf der Tomatenmischung verteilen.
Für den veganen Käse das Mandelmus in dem Sojatrunk auflösen, Würzhefeflocken und Gemüsebrühpulver zugeben und mit dem Sojamehl zu einer cremigen Masse verrühren.
Zum Schluss den veganen Käse auf den bestrichenen Brotscheiben verteilen und das Ganze im vorgeheizten Backofen bei 180 °C 15 Minuten überbacken.

Tomatenkuchen mit Oliven

Für 2 – 3 Personen

2 TL Sojamehl, vollfett
etwas Wasser zum Anrühren
50 g schwarze Oliven
55 g vegane Pflanzenmargarine
100 g Tomatenmark
3 TL Basilikum
140 ml Wasser
225 g Weizenvollkornmehl
3 TL Weinsteinbackpulver
½ TL Salz
Fett für die Form

Zunächst das Sojamehl mit etwas Wasser anrühren, bis es cremig ist.
Die Oliven entsteinen und hacken. Die Margarine, das Tomatenmark, das Basilikum und die Olivenstücke miteinander vermischen. Nun das angerührte Sojamehl und danach das Wasser hinzufügen.
Schließlich alle Zutaten mit dem gesiebten Mehl, dem Backpulver und dem Salz zu einem Teig vermischen. Diesen in eine große, gefettete Brotbackform geben und bei 180 °C 30 Minuten im vorgeheizten Ofen backen.
Dazu schmeckt gut ein Rote-Bete-Carpaccio (Seite 107).

Pikant gewürzte Pfirsiche

Für 2 – 3 Personen

4 große, reife Pfirsiche
2 EL Sesamöl
1 TL schwarze Senfkörner
50 g Kokosflocken
1 TL Kurkuma
100 ml Wasser
3 Gewürznelken
1 TL Roh-Rohrzucker
½ TL Salz

Die Pfirsiche in große Würfel schneiden.
Das Öl erhitzen und Senfkörner, Kokosflocken und Kurkuma kurz darin anbraten.
Pfirsichwürfel dazugeben, das Wasser angießen, Gewürznelken und Roh-Rohrzucker hinzufügen und alles 2 Minuten dünsten.
Mit Salz abschmecken und die Gewürznelken entfernen.
Dazu Reis servieren.

Während der herbstlichen Fallobstschwemme kann man statt Pfirsichen auch geschälte reife Äpfel oder Birnen verwenden.

Rote-Bete-Carpaccio

Als Vorspeise für 2 – 4 Personen

300 g Rote Bete
4 Knoblauchzehen
1 EL Zitronensaft
2 EL Sesamsamen
6 EL Olivenöl

Zuerst die Rote Bete schälen und in sehr dünne Scheiben schneiden (am besten mit der Brotmaschine oder dem Sparschäler). Da die roten Knollen sehr stark färben, sollte man Handschuhe tragen; die Farbe ist aber spätestens nach zwei Tagen abgewaschen.
Den Knoblauch schälen und ebenfalls in möglichst dünne Scheiben schneiden.
Die Rote Bete nun auf einem großen Teller auslegen, mit den Knoblauchscheiben bestreuen und mit dem Zitronensaft beträufeln.
Anschließend sorgfältig und gleichmäßig die Sesamsamen über das Gemüse streuen und das Olivenöl darüberträufeln.
Das Carpaccio sollte vor dem Verzehr mindestens ein bis zwei Stunden durchziehen.

Wegen des Knoblauchgehalts ist das Carpaccio vor allem für ein langes, einsames Wochenende geeignet …

Buchweizenkasha

Als Beilage für 3 – 4 Personen

250 g Buchweizenkörner
1 TL Kreuzkümmelsamen
600 ml Wasser
1 TL Gemüsebrühpulver

Buchweizen in einer Pfanne ohne Fett bei mittlerer Hitze goldgelb rösten, Kreuzkümmelsamen hinzugeben und kurz mitrösten.
Wasser zum Kochen bringen, das Gemüsebrühpulver dazugeben, gut vermischen und die Brühe in eine feuerfeste Form gießen.
Die Form in den auf 180 °C vorgeheizten Backofen stellen. Etwa 25 Minuten im Ofen ausquellen lassen, bis die Kasha fast völlig trocken ist.
Passt zu Gemüsegerichten wie z. B. einem Avocadocurry (Seite 99).

Buchweizen ist kein Getreide, sondern ein Knöterichgewächs. Er stammt aus Südrussland und stellt außerordentlich geringe Ansprüche an den Boden. Seine Ernte ist allerdings nicht ganz unproblematisch, weswegen Buchweizen in Deutschland kaum kultiviert wird.

Hauptgerichte

Viele Lieblingsgerichte lassen sich – mit etwas Übung – sehr gut als vegane Variante zubereiten. Natürlich schmecken sie dennoch anders als das Original. Schließlich geht es ja auch nicht um den Ersatz von Fleisch, Fisch, Milch und Eiern, sondern um ganz neue Geschmackserlebnisse!
Im Handel sind mittlerweile vegane Bratwürstchen, veganer Joghurt, vegane Sahne, veganer Käse und vieles mehr erhältlich. Der Erfindungsreichtum nimmt kein Ende. Sogar nahezu sämtliche Geruchs- und Geschmacksarten lassen sich inzwischen künstlich herstellen: Food-Design nennt man das, aber mit Lebensmitteln im eigentlichen Sinne hat das nichts mehr zu tun.
Vegane Mahlzeiten sind Kunstwerke, keine Plagiate!

Kräuterbulgur mit Zwiebeln

Für 2 – 3 Personen

1 l Gemüsebrühe mit etwas Meersalz
1 große Zwiebel
2 EL Olivenöl
2 – 3 TL gemischte Kräuter (z. B. Basilikum, Bohnenkraut, Oregano, Salbei und Thymian)
200 g Bulgur
¼ TL geriebene Muskatnuss

Die Brühe erhitzen. Die Zwiebel schälen und fein hacken und in einem Topf im Olivenöl anbraten. Kräuter fein hacken, hinzufügen und etwa 5 Sekunden mitbraten.
Den Bulgur zu den Zwiebelwürfeln geben und die Brühe unter Rühren zugießen. Kurz aufkochen lassen und bei ganz schwacher Hitze (bei einer gusseisernen Platte einen Drahtuntersetzer auf die Platte legen) ausquellen lassen.
Mit Muskat würzen und anschließend servieren.

Bulgur, oder Burghul, ist bereits gegarter Hartweizen, getrocknet und geschrotet. Er gart rasch und braucht nur eine kurze Quellzeit. Man kann ihn auch roh als Frischkornbrei mit Nüssen und Obst genießen.

Indischer Mungbohneneintopf

Für 2 – 4 Personen

200 g halbe gelbe Mungbohnen (Moong-Dal)
Wasser zum Einweichen
1 EL Erdnussöl
2 mittelgroße Zwiebeln
1 TL Kreuzkümmelsamen
2 EL fein gehackter frischer Ingwer
½ TL Cayennepfeffer
¼ TL Kurkuma
1½ EL Zitronensaft
300 ml Wasser
½ TL Meersalz (nach Belieben)
2 EL fein gehackte frische Korianderblätter

Mungbohnen verlesen, in ein Sieb geben und unter fließendem kaltem Wasser gründlich waschen. Dann in einer Schüssel mit so viel Wasser bedecken, dass mindestens 5 cm über den Bohnen steht. Zwei Stunden quellen lassen. Dann das Einweichwasser abgießen und die Bohnen beiseite stellen.
Öl in einer mittelgroßen Pfanne erhitzen. Die Zwiebeln schälen und fein hacken. Wenn das Öl heiß ist, die Kreuzkümmelsamen hineingeben und 5 Sekunden rösten, dann die fein gehackten Zwiebeln hinzufügen und unter ständigem Rühren goldgelb anbraten. Ingwer, Cayennepfeffer und Kurkuma hinzufügen und kurz mitrösten. Bohnen zugeben, Zitronensaft darübergießen und gut vermischen. Dann das Wasser angießen und zum Kochen bringen.
Wärmezufuhr herunterschalten und das Ganze mit nicht ganz geschlossenem Deckel kochen lassen, bis die Bohnen beinahe gar sind und fast alle Flüssigkeit aufgenommen haben (20 – 25 Minuten). Salzen nach Geschmack.
Pfanne während der letzten 5 Minuten der Kochzeit ganz schließen.
Den Eintopf mit den gehackten Korianderblättern bestreuen.
Heiß mit Reis oder Chapatis (Seite 153) servieren.

Schwarze Uradbohnen in Veggighurtsauce

Für 3 – 4 Personen

Für den Veggighurt:
30 g weißes Mandelmus
200 ml Sojatrunk
1 EL Zitronensaft
1 EL Roh-Rohrzucker

Für die Bohnen:
200 g halbe schwarze Uradbohnen (Urad-Dal oder Urid-Dal)
Wasser zum Einweichen
600 ml Wasser
¼ TL Kurkuma
4 Lorbeerblätter
½ TL Salz

Für die Masala:
1 EL Pflanzenöl (möglichst Erdnuss- oder Sesamöl)
1 TL schwarze Senfkörner
2 getrocknete Chilischoten
1 TL Fenchelsamen
2 EL geriebener frischer Ingwer

Mandelmus in dem Sojatrunk auflösen, mit dem Zitronensaft vermischen und anschließend mit dem Roh-Rohrzucker verrühren. Die Mischung beiseite stellen.
Die Hülsenfrüchte auslesen (es können noch kleine Steinchen darin sein) und waschen. Mit 2 cm Wasser bedeckt zwei Stunden einweichen, anschließend das Wasser abgießen und abtropfen lassen.
In einem großen Topf das Wasser zum Kochen bringen und die Bohnen, Kurkuma, die Lorbeerblätter und das Salz hineingeben. Erneut zum Kochen bringen und im offenen Topf 10 Minuten kochen lassen. Gelegentlich den Schaum entfernen, der sich an der Oberfläche sammelt. Dann einmal umrühren, den Topf abdecken und für 20 Minuten auf mittlerer bis niedriger Flamme kochen lassen, bis die Hülsenfrüchte weich sind. Auf kleiner Flamme weiterköcheln lassen.
Für die Masala das Pflanzenöl in einem kleinen Topf nicht zu stark erhitzen und darin die schwarzen Senfkörner anrösten. Den Topf kurzzeitig mit einem Deckel schließen, denn die Samen springen aus dem Topf, wenn sie platzen. Sobald sie anfangen zu knistern, die Hitze reduzieren.
Wenn die Senfkörner aufgeplatzt sind, die zerbröselten Chili, die Fenchelsamen und den geriebenen Ingwer hinzugeben. Einige Sekunden rühren. Diese Masala in den Veggighurt geben und diesen dann zu den Bohnen gießen. Gut umrühren und noch 5 Minuten kochen lassen.
Mit Basmatireis servieren.

»Masala« heißt soviel wie »Gewürz«. Jede indische Köchin und jeder indische Koch hat dafür ein eigenes geheimes Rezept. Die Mischung aus Kräutern und/oder Gewürzen gibt der Speise ihre besondere Note. Masala wird meist in Fett angeröstet und dem Gericht zugegeben.

Reis-Linsen-Eintopf

Für 3 – 4 Personen

200 g Basmatireis
100 g rote Linsen (Masoor-Dal)
etwas Wasser zum Einweichen
2 große Zwiebeln
1 EL Erdnussöl
6 Knoblauchzehen
1 Bund frischer Koriander
1 Zimtstange
½ TL Kreuzkümmelsamen
3 Gewürznelken
3 Kardamomkapseln
2 EL frischer, gehackter Ingwer
50 g Kokosraspel
2 mittelgroße Kartoffeln
½ TL Kurkuma
¾ TL Koriander
¼ TL gemahlener Kreuzkümmel
1 TL Salz
300 ml Wasser
1 EL Roh-Rohrzucker
1 EL Cashewkerne
1 EL Rosinen

Für die Kokosmilch:
40 g Santen und 180 ml Wasser
oder 200 g Kokosflocken
und 200 ml Wasser

Basmatireis und Dal getrennt voneinander mit so viel Wasser einweichen, dass beides etwa 2 cm hoch mit Wasser bedeckt ist.
Die Zwiebeln schälen und hacken und in dem Öl goldbraun braten. Die Hälfte davon beiseite stellen. Knoblauch schälen und ebenso wie die Korianderblätter fein hacken. Zimt, Kreuzkümmelsamen, Gewürznelken und Kardamomkapseln zusammen in einem Mörser zerstoßen und mit dem Ingwer, dem Knoblauch, den Kokosraspeln und den gehackten Korianderblättern zu der Hälfte der Zwiebeln geben und braten.
Etwa 200 ml Kokosmilch aus Santen oder Kokosflocken herstellen. Dafür entweder Santen in Wasser auflösen oder Kokosflocken mit dem kochenden Wasser überbrühen. Die Wasser-Kokosflocken-Mischung nach 15 Minuten Ruhezeit zu einem Püree mixen, dann durch ein Käsetuch geben und die Milch auspressen.
Die Kartoffeln schälen und würfeln. Nacheinander Kurkuma, Koriander, Kreuzkümmel, Salz, Reis, rote Linsen, Kokosmilch, Wasser, Roh-Rohrzucker und gewürfelte Kartoffeln zu den gebratenen Zwiebeln geben und 30 Minuten dünsten.
Zum Schluss Cashewkerne und Rosinen unterheben.
Mit den aufbewahrten Zwiebeln bestreuen und servieren.

Cashewkerne sind besser bekömmlich, wenn sie vor dem Verzehr 2 – 3 Minuten in einer schweren Pfanne ohne Fett geröstet werden. Sie bekommen dadurch außerdem eine ganz besondere Note.

Süßer Erbsentopf

Für 2 – 4 Personen

200 g geschälte halbe gelbe Erbsen (Channa-Dal)
600 ml Wasser
1 TL Salz
4 Lorbeerblätter
6 mittelgroße Tomaten
1 EL vegane Pflanzenmargarine
1 EL Erdnussöl
½ TL Kreuzkümmelsamen
2 EL frisch geriebener Ingwer
½ TL Asafoetida
4 EL getrocknete Kokosraspel
1 EL Roh-Rohrzucker
2 TL Melasse

Die halben Erbsen drei bis vier Stunden einweichen und anschließend in einem Sieb abtropfen lassen. Dann das Wasser mit dem Salz in einem großen Topf zum Kochen bringen und die Erbsen mit den Lorbeerblättern hineingeben. Auf mittlerer Flamme in einem halb geschlossenen Topf 30 – 40 Minuten kochen lassen; dabei gelegentlich den Schaum abschöpfen, der sich an der Oberfläche bildet. Nun den Deckel abnehmen, umrühren und auf kleinster Flamme 10 Minuten weiterköcheln lassen.
Die Tomaten waschen, von den Stielansätzen befreien, achteln und zusammen mit der Margarine in die Suppe geben. Jetzt den Topf wieder abdecken.
Inzwischen das Öl in einem kleinen Topf erhitzen und die Kreuzkümmelsamen darin für wenige Sekunden anrösten. Geriebenen Ingwer, Asafoetida und Kokosraspel dazugeben, unter ständigem Rühren 2 – 3 Minuten anrösten.
Nun die angebratenen Gewürze, Roh-Rohrzucker und Melasse in den heißen Eintopf geben. Gut mischen und noch 5 Minuten köcheln lassen. Mit Reis als Beilage servieren.

Melasse, das »schwarze Wunder«, erfreut sich immer größerer Beliebtheit bei unterschiedlichen Leiden. Sie ist enorm mineralstoffreich und soll auch bei Anämie, Erschöpfungszuständen, arthritischen Beschwerden und Schlaflosigkeit Linderung verschaffen. Äußerlich angewendet, schwören manche sogar auf ihre Heilwirkung bei offenen Wunden oder auch als Badezusatz.

Chili con Tofu

Für 2 – 3 Personen

100 g Kidneybohnen
Wasser zum Einweichen
300 ml Wasser
250 g Räuchertofu
2 große Tomaten
1 rote Paprikaschote
2 mittelgroße Zwiebeln
3 Knoblauchzehen
1 EL Olivenöl
1 TL Salz
½ TL Paprikapulver
½ TL Chilipulver

Die Bohnen gründlich waschen und in reichlich Wasser zwölf Stunden einweichen. Wasser abgießen und Bohnen nochmals unter fließendem Wasser spülen.
Wasser zum Kochen bringen und die Bohnen darin 45 – 60 Minuten kochen.
In der Zwischenzeit Räuchertofu in 2 cm große Würfel schneiden, Tomaten waschen, von den Stielansätzen befreien und achteln, Paprika waschen, entkernen und in 2 cm große Würfel schneiden. Zwiebeln und Knoblauch schälen und fein hacken.
Olivenöl in einem großen Topf erhitzen, Zwiebeln darin anbraten und nach einigen Minuten nacheinander Knoblauch, Paprika, Tofu und Tomaten zugeben.
Das Gemüse mit Salz, Paprika- und Chilipulver abschmecken und 10 Minuten weichdünsten. Schließlich die Kidneybohnen unterrühren und noch einmal etwa 5 Minuten erhitzen, aber nicht mehr kochen.
Mit Fladenbrot (ab Seite 152) oder Brötchen servieren.

Grünkernkebabs

Für 2 – 3 Personen

150 g Grünkern
2 Knoblauchzehen
¼ TL schwarze Pfefferkörner
1 EL Erdnussöl
1 daumengroßes Stück frischer geriebener Ingwer
1 TL Kreuzkümmelsamen
1 TL gemahlener Koriander
1 TL edelsüßes Paprikapulver
¼ TL gemahlener Kardamom
¼ TL gemahlene Gewürznelken
½ TL Zimt
1 Msp Muskatblüte
¼ TL Asafoetida
2 EL Sojasauce
400 ml Wasser
2 EL Sojamehl, vollfett
etwas Wasser zum Anrühren
2 EL Paniermehl
2 EL Rosinen zum Füllen
Erdnussöl zum Braten

Grünkern grob schroten und Knoblauch schälen und fein hacken. Die Pfefferkörner im Mörser zerstoßen. In einem Topf das Öl erhitzen und den Knoblauch, den Ingwer und die Gewürze einige Sekunden anrösten, dann das Grünkernschrot hinzugeben und ebenfalls kurz mitrösten. Nun alles mit der Sojasauce und dem Wasser ablöschen, einmal aufkochen lassen und dann bei kleinster Hitze garen, bis alles Wasser aufgesogen ist. Das Sojamehl in etwas Wasser cremig rühren. Paniermehl und Sojamehlmischung in die Grünkernmasse hineinrühren und abkühlen lassen, bis man die Masse anfassen kann, ohne sich die Finger zu verbrennen. Jetzt aus der Grünkernmasse Röllchen formen, mit einem Löffelstiel der Länge nach eine Rinne hineindrücken und diese mit den Rosinen füllen. Anschließend die Röllchen wieder schließen und vorsichtig rollen. Zum Braten Erdnussöl in einer – möglichst beschichteten – Pfanne erhitzen und die Kebabs braten. Bis zum Servieren können sie im Backofen bei 100 °C warm gehalten werden.
Dazu schmeckt z. B. Erdnusssauce (Seite 143).

Diese Getreideröllchen sind den türkischen *sis-kebab*, den serbischen/kroatischen *Cevapcici* und den indischen/mongolischen *Hussaini Kababs* nachempfunden.
Grünkernkebabs sind die vegane Party-Attraktion, wenn Sie verschiedene Dips, Saucen und Chutneys dazu anbieten!

Grünkernkoftas in Misosauce

Für 2 – 4 Personen

200 g Grünkern
500 ml Wasser
2 EL Sojamehl, vollfett
etwas Wasser zum Anrühren
½ TL frischer, fein gehackter Ingwer
1 TL gemahlener Kreuzkümmel
1 TL gemahlener Koriander
1 TL scharfes Paprikapulver
½ TL gemahlener schwarzer Pfeffer
1 Msp Asafoetida
½ TL Salz
2 TL fein gehackter Knoblauch
5 EL Paniermehl
2 EL Rosinen
Erdnussöl zum Braten

Für die Sauce:
1 EL Erdnussöl
2 TL fein gehackter Ingwer
2 TL gemahlener Kreuzkümmel
1 TL Kurkuma
2 TL Paprikapulver
2 TL Garam Masala
500 ml Wasser
2 – 3 EL Mugi-Miso

Den Grünkern grob schroten. Das Wasser zum Kochen bringen, Schrot hineingeben, aufkochen und bei geringer Hitze ziehen lassen, bis alles Wasser aufgenommen ist.

Das Sojamehl in etwas Wasser cremig rühren. Nun die Gewürze, den Knoblauch, die Sojamehlcreme, das Paniermehl und die Rosinen unter das eingeweichte Grünkernschrot mengen. Aus der Masse walnussgroße Kugeln formen.
Erdnussöl in einer Pfanne erhitzen und die Koftas goldbraun anbraten.
Das Öl für die Sauce in einem anderen Topf erhitzen und die Gewürze darin kurz anbraten, Wasser zugießen und aufkochen lassen, dann die Hitze herunterschalten. Sobald die Sauce nicht mehr kocht, das Mugi-Miso darin auflösen, die Koftas in die Sauce geben und 5 Minuten ziehen lassen. Nicht mehr kochen!
Dazu schmeckt Reis.

Erdnussöl hat einen hohen Anteil an essentiellen Fettsäuren und ist im Handel auch als Wok-Öl erhältlich. Es gibt den Speisen einen unvergleichlichen asiastischen Touch.

Lasagne à la Grünkernbolognese

Für 2 – 3 Personen

1 EL Olivenöl
2 TL getrocknetes Basilikum
je ½ TL getrockneter Rosmarin, Salbei, Thymian und Oregano
1 mittelgroße Zwiebel
2 Knoblauchzehen
100 g Grünkern
300 ml Wasser
200 g Tomatenmark
Fett für die Form
8 Lasagneblätter ohne Kochen

Für den Guss:
30 g weißes Mandelmus
100 ml Sojatrunk
1 TL Gemüsebrühpulver
2 EL Würzhefeflocken
1 EL Sojamehl, vollfett

Für die Bolognese Olivenöl nicht zu stark erhitzen und die Kräuter darin für einige Sekunden anbraten. Zwiebel und Knoblauch schälen, hacken und zugeben. Alles für einige Minuten braten, dabei oft umrühren. Den Grünkern grob schroten, zugeben und ebenfalls kurz mitbraten. Dann das Wasser angießen, alles aufkochen lassen und bei geringer Hitze (dafür bei einer gusseisernen Platte am besten einen Drahtuntersetzer auf die Platte legen) 10 Minuten quellen lassen. Tomatenmark unterrühren und nochmals erwärmen, aber nicht mehr kochen.

Für den Guss das Mandelmus in dem Sojatrunk auflösen, Gemüsebrühpulver einrühren, Würzhefeflocken zugeben und schließlich alles mit dem Sojamehl cremig rühren.
Eine Auflaufform mit Pflanzenmargarine auspinseln und den Boden mit 4 ungekochten Lasagneblättern auslegen. Darauf eine Lage Bolognese schichten, mit einer weiteren Lage von 4 Lasagneblättern belegen und darauf den Rest der Bolognese streichen.
Schließlich die Lasagne noch mit dem Guss beträufeln und im vorgeheizten Backofen bei 200 °C 30 Minuten backen.

Reisauflauf

Für 2 – 3 Personen

200 g Basmatireis
600 ml Wasser
1 TL Salz
¼ TL Safranpulver oder
5 Safranfäden
2 EL Sojatrunk
1 EL Erdnussöl
2 TL Garam Masala
2 TL gemahlener Koriander
1 TL Kurkuma
3 mittelgroße Kartoffeln
300 g frische grüne Bohnen
4 Tomaten
2 EL Rosenwasser
Fett für die Form
25 g gehackte Cashewkerne

Für den Veggighurt:
30 ml weißes Mandelmus
100 ml Sojatrunk
1 EL Zitronensaft

Den Reis im Sieb unter fließendem kalten Wasser waschen und abtropfen lassen.
Wasser und Salz in einem mittelgroßen Topf zum Kochen bringen, dann den Reis hinzufügen und erneut aufkochen lassen. Den Topf abdecken und den Reis für etwa 15 Minuten auf kleiner Flamme weichkochen.
Inzwischen den Safran in dem lauwarmen Sojatrunk auflösen. Das Erdnussöl in einem anderen Topf erhitzen und die gemahlenen Gewürze unter Rühren einige Sekunden darin anrösten. Die Kartoffeln schälen, würfeln und dazugeben. Einige Minuten braten, bis sie leicht angebräunt sind.
Bohnen waschen und in 1 cm lange Stücke schneiden, Tomaten klein würfeln. Zu den Kartoffeln hinzufügen. Das Gemüse bei geschlossenem Deckel etwa 15 Minuten weichdünsten, dabei gelegentlich umrühren.
Falls notwendig, etwas Wasser hinzugeben, damit das Gemüse nicht anbrennt; in der Regel reicht aber der Saft der Tomaten aus.
Für den Veggighurt das Mandelmus in dem Sojatrunk auflösen und mit dem Zitronensaft verrühren.
Wenn der Reis gar ist, den Veggighurt, das Rosenwasser und den aufgelösten Safran untermengen, die Mischung gut durchrühren und 5 Minuten abkühlen lassen.
Eine Auflaufform mit Pflanzenmargarine einpinseln und den Boden mit der Hälfte der Reismischung bedecken und festdrücken.
Nun das Gemüse gleichmäßig auf dem Reis verteilen; darauf dann den restlichen Reis schichten. Den Auflauf sanft zusammendrücken und im vorgeheizten Backofen bei 140 °C 20 Minuten backen.
Mit gehackten Cashewkernen bestreut servieren.

Rosenwasser gibt nicht nur Marzipan seinen besonderen Geschmack und spielt in der Kosmetik und der Körperpflege eine große Rolle, es aromatisiert auch Reisgerichte und verleiht ihnen eine köstlich exotische Note.

Reisflockenpilaw

Für 2 – 3 Personen

80 g Maiskörner
etwas Wasser zum Einweichen
150 g Reisflocken
etwas Wasser zum Einweichen
1 EL Erdnussöl
2 TL schwarze Senfsamen
200 g Zwiebeln
200 g Kartoffeln
2 TL Kreuzkümmelsamen
½ TL Asafoetida
1 TL Kurkuma
300 ml Wasser
1 TL Salz
1 EL Zitronensaft

Die Maiskörner über Nacht in so viel Wasser einweichen, dass es die Körner 2 cm hoch bedeckt. Dann für mindestens eine Stunde vorkochen.
Die Reisflocken in eine Schüssel geben und so viel kaltes Wasser hinzufügen, dass sie gerade bedeckt sind.
Das Erdnussöl in einem Topf erhitzen und die Senfsamen hineingeben. Hitze reduzieren. Unbedingt einen Deckel bereithalten; ohne Deckel springen die Körner durch die ganze Küche, wenn sie zu platzen beginnen.
Zwiebeln schälen und klein hacken, Kartoffeln schälen und in kleine Würfel schneiden. Wenn die Senfsamen zu knistern aufhören, Kreuzkümmel, Asafoetida, Zwiebeln und Kartoffeln in den Topf geben. Unter Rühren 5 Minuten anbraten, dann den vorgekochten Mais, Kurkuma und das Wasser zufügen. Bei geschlossenem Deckel 20 Minuten garen.
Zum Schluss das nicht aufgesogene Wasser von den Reisflocken abgießen und die Flocken zusammen mit dem Salz und dem Zitronensaft in das Gemüse geben. Alles zusammen noch 10 Minuten kochen lassen. Fertig zum Servieren!
Dazu schmeckt ein Rohkostsalat mit Bananendip (Seite 147).

Reisflocken bekommt man im Naturkosthandel oder in asiatischen Lebensmittelgeschäften unter dem Namen *Aval*. Sie sind größer und härter als Haferflocken und sehr leicht verdaulich. Sie schmecken mild-süßlich und eignen sich hervorragend für Süßspeisen und Müslis.

Überbackene Reispapierrollen

Für 2 – 3 Personen

150 g Grünkern
1 daumengroßes Stück Ingwer
2 Knoblauchzehen
1 EL Erdnussöl
2 EL Kokosflocken
1 TL Ajowansamen
1 TL gemahlener Kreuzkümmel
2 TL gemahlener Koriander
1 TL Anissamen
1 TL edelsüßes Paprikapulver
2 EL Sojasauce
400 ml Wasser
1 TL Szechuanpfeffer
2 EL Paniermehl
5 – 6 Blätter Reispapier
etwas Wasser zum Einweichen
eventuell Fett für das Blech

Für den Guss:
1 EL weißes Mandelmus
100 ml Sojatrunk
1 EL Sojamehl, vollfett
etwas Wasser zum Verrühren
1 TL Gemüsebrühpulver

Grünkern grob schroten, Ingwer und Knoblauch schälen und fein hacken. Erdnussöl in einem Topf erhitzen, Knoblauch, Ingwer, Kokosflocken, Ajowan, Kreuzkümmel und Koriander darin für wenige Sekunden anrösten, das Grünkernschrot zugeben und etwa eine Minute unter Rühren anbraten. Anis und Paprika zugeben, nach 10 Sekunden (auf keinen Fall länger, sonst wird der Anis bitter!) mit Sojasauce ablöschen und 300 ml Wasser zugeben. Pfeffer im Mörser zerdrücken und zu der Mischung hinzufügen. Alles einmal aufkochen lassen, dann den Brei zugedeckt bei kleiner Flamme garen, bis alles Wasser aufgesogen ist.
Die Grünkernmischung vom Herd nehmen, mit dem Paniermehl vermengen und abkühlen lassen.
Dann den Guss zubereiten. Dazu das Mandelmus mit dem Sojatrunk zu einer cremigen Mischung verrühren. Das Sojamehl mit etwas Wasser verrühren. Gemüsebrühpulver unter die Mandelmilch mixen, dann das Ganze mit der Sojacreme vermengen. Beiseite stellen.
Nun das Reispapier etwa eine Minute in kaltem Wasser einweichen. Praktisch ist es, immer gleich zwei bis drei Blätter auf einmal ins Wasser zu geben; so verkleben sie nicht, und die Zubereitungszeit verkürzt sich.
Nun aus der Grünkernmasse mit einem Esslöffel fünf bis sechs Bällchen formen und je ein Bällchen auf je ein Reispapier setzen. Dann zunächst die obere Seite des runden Papiers über den Teig schlagen, dann die seitlichen Seiten und zum Schluss die untere Seite über die so entstandene Tasche schlagen. Es empfiehlt sich, den Teigklumpen nicht ganz in die Mitte zu setzen, sondern so versetzt zu platzieren, dass die untere

Lasche möglichst lang ist. Das Röllchen hält dann besser zusammen. Die fertigen Röllchen auf ein gefettetes oder mit Backpapier ausgelegtes Blech legen, mit dem Guss beträufeln und bei 180 °C 20 Minuten backen. Dazu schmeckt z. B. scharf-süß-saure Sauce (Seite 144).

Überbackene Reispapierrollen sind eine vegane und fettsparende Variante von Frühlingsrollen.
Reispapier besteht nur aus Reismehl und Wasser. Diese hauchdünnen Blätter sind in asiatischen Lebensmittelgeschäften erhältlich und recht lange haltbar.

Hirse-Reis-Fladen

Für 3 – 4 Personen

200 g Reis
200 g Hirse
1 mittelgroße Zwiebel
4 EL Kokosflocken
1 TL Salz
2 TL fein gehackter frischer Ingwer
etwa 500 ml Wasser
Erdnussöl zum Braten

Reis und Hirse in der Getreidemühle fein mahlen, die Zwiebel schälen und fein hacken. Diese Zutaten mit Kokosflocken, Salz, Ingwer und Wasser vermischen, sodass ein relativ flüssiger Pfannkuchenteig entsteht. Öl in einer Pfanne erhitzen, esslöffelgroße Mengen Teig in das Öl geben und die Fladen unter häufigem Wenden goldbraun braten.
Im Backofen bei 100 °C warm halten, bis alle Pfannkuchen fertig sind.
Heiß servieren.
Dazu schmeckt ein Apfel- oder Mangochutney (Seite 141 und 142).

Hirse-Birnen-Auflauf

Für 2 – 3 Personen

200 g Hirse
400 ml Wasser
1 EL vegane Pflanzenmargarine
Fett für die Form
5 Birnen

Für den Guss:
30 g weißes Mandelmus
100 ml Sojatrunk
1 EL Zitronensaft
1 EL Sojamehl, vollfett

Die Hirse heiß waschen und abtropfen lassen. Inzwischen das Wasser zum Kochen bringen und die Hirse hineingeben, sobald es siedet. 15 Minuten unter häufigem Umrühren kochen. Dann die Flamme ausschalten und den Brei weitere 15 Minuten auf der heißen Platte quellen lassen.
In der Zwischenzeit das Mandelmus für den Guss in dem Sojatrunk auflösen und die Mischung mit Zitronensaft und Sojamehl zu einer dickflüssigen Masse verrühren.
Die Hirse vom Herd nehmen, Pflanzenmargarine einrühren und bei geschlossenem Deckel 10 Minuten ausquellen lassen.
Währenddessen eine Auflaufform mit Pflanzenmargarine auspinseln. Die Hirsemasse in die Form füllen, verteilen und festdrücken.
Die Birnen schälen, entkernen und in Spalten schneiden. Birnen auf der Hirse verteilen und den Guss darübergeben.
Im vorgeheizten Backofen bei 180 °C 20 – 25 Minuten backen.
Als Hauptgericht oder als Nachtisch mit einem Bananen-Ingwer-Eis (Seite 178) servieren.

Hirse zählt zu den ältesten Getreidearten und hat neben Hafer den höchsten Gehalt an Vitaminen und Mineralstoffen unter den in Europa heimischen Getreidesorten. Besonders hoch ist auch ihr Gehalt an Kieselsäure, die wichtig für Haut und Haare ist.

Grüne Buchweizen-Törtchen

Für 3 – 4 Personen

1 Blatt getrocknetes Seegras oder Yaki-Nori
140 ml Wasser
2 TL Sojamehl, vollfett
etwas Wasser zum Anrühren
1 EL Miso
2 EL Distelöl
2 EL Leinsamen
1½ TL Kreuzkümmelsamen
1 TL Kalonjisamen (Schwarzkümmel)
2 TL getrocknete und gemahlene Nana-Minze
¼ TL Asafoetida
90 g Buchweizen
140 g Weizenvollkornmehl
3 TL Weinsteinbackpulver
Fett für das Blech

Für die Füllung:
1 EL weißes Mandelmus
100 ml Sojatrunk
1 TL Gemüsebrühpulver
2 EL Sojamehl, vollfett

Zunächst das Seegras bzw. Yaki-Nori im Wasser einweichen. Sojamehl in ein wenig Wasser cremig rühren. Die eingeweichten Algen mit einer Gabel zu einem Brei verrühren. Miso, verrührtes Sojamehl, Distelöl, Leinsamen und Gewürze hinzufügen und alles gut mischen. Buchweizen fein mahlen. Das Mehl zusammen mit Backpulver zu der Masse geben und einen Teig bereiten.

Aus dem Teig tennisballgroße Bällchen formen. Die Bällchen auf ein gefettetes Backblech setzen und plattdrücken, mit einem Teelöffel flache Mulden in die Fladen drücken.
Aus dem Mandelmus, dem Sojatrunk, dem Gemüsebrühpulver und dem Sojamehl eine Creme rühren. Diese Füllung in die Mulden auf den Fladen geben.
Bei 180 °C im Backofen 35 – 40 Minuten backen.
Dazu schmeckt Erdnusssauce (Seite 143) besonders gut.

Krause Minze oder Nana-Minze darf nicht mit der Pfefferminze verwechselt werden. Sie schmeckt milder als die beliebte Pfefferminze.

Gedämpfte Grießklöße

Für 3 – 4 Personen

1 EL Sesam- oder Erdnussöl
1 TL Ajowansamen
1 kleine Zwiebel
1 Knoblauchzehe
1 EL gehackte Cashewkerne
2 EL Kokosflocken
250 g Vollweizengrieß
50 g vegane Pflanzenmargarine
1 TL Salz
1 TL Schwarzsalz (Kala Nimak)
250 g Tofu
200 ml Sojatrunk
2 EL Zitronensaft
¼ TL Weinsteinbackpulver
Fett für die Form

Das Öl in einem Topf erhitzen und die Ajowansamen darin 5 Sekunden anrösten. Zwiebeln und Knoblauch schälen und fein hacken. Cashewkerne und Kokosflocken in das Öl geben und kurz braten, dann die Zwiebelstückchen ebenfalls dazugeben und glasig werden lassen. Den Knoblauch für 2 Minuten mitbraten. Anschließend den Grieß hinzufügen und 5 Minuten unter ständigem Rühren braten. Vom Herd nehmen, Margarine, Salz und Schwarzsalz unterrühren. 10 Minuten mit geschlossenem Deckel ziehen lassen. In der Zwischenzeit den Tofu abspülen, in kleine Würfel schneiden und mit Sojatrunk und Zitronensaft in der Küchenmaschine oder mit dem Pürierstab cremig rühren.

Nun das Weinsteinbackpulver und die Tofumischung in den Grieß mischen, noch einmal 5 Minuten stehen lassen.
Währenddessen den Dämpfeinsatz oder eine Idli-Form sparsam einfetten (siehe auch Tipp im Kasten).
Jetzt aus der Teigmischung Klößchen formenund diese in den Dämpfeinsatz bzw. die Idli-Form setzen.
10 Minuten dämpfen.
Dazu schmeckt Erdnusssauce (Seite 143), scharf-süß-saure Sauce (Seite 144) oder Currysauce (Seite 143).

Für dieses Gericht benötigt man einen Dämpfeinsatz. Noch besser geht es mit einer *Idli-Form*, die es in asiatischen Lebensmittelgeschäften gibt (siehe auch Bezugsquellen im Anhang Seite 188).
Die Idli-Form besteht aus drei Blechschalen, die übereinander befestigt sind, sich aber zum Füllen auseinandernehmen lassen. In diesen Schalen befinden sich flache Mulden, in die der Teig gesetzt wird. Zum Schluss stellt man dann die Form in einen Topf, dessen Boden mit Wasser bedeckt ist. Die untere Schale darf nicht ins Wasser ragen.

Gefüllter Getreidebraten

Für 3 – 4 Personen

2 TL Sojamehl, vollfett
etwas Wasser zum Anrühren
55 g vegane Pflanzenmargarine
50 g Sonnenblumenkerne
1 EL Miso
1 EL Sesamöl
140 ml Wasser
225 g Weizenvollkornmehl
3 TL Weinsteinbackpulver
½ TL Salz
1 TL gemahlener Koriander
Fett für die Form

Für die Füllung:
50 g weißes Mandelmus
150 ml Sojatrunk
1 TL Gemüsebrühpulver
2 EL Würzhefeflocken
1 EL Sojamehl, vollfett
1 TL Kreuzkümmelsamen
50 g Pinienkerne

Für die Füllung das Mandelmus in dem Sojatrunk auflösen, Gemüsebrühpulver, Hefeflocken, Sojamehl und Kreuzkümmel hineinrühren, bis eine cremige Masse entstanden ist, dann die Pinienkerne untermischen.
Das Sojamehl mit etwas Wasser schaumig rühren.
Die Margarine, die Sonnenblumenkerne, Miso und Sesamöl miteinander vermengen.
Erst das angerührte Sojamehl und danach das Wasser hinzufügen.
Schließlich mit dem gesiebten Mehl, dem Backpulver, dem Salz und dem Koriander zu einem Teig vermischen.
Die Hälfte davon in eine große, gefettete Brotbackform geben, die Füllung darauf geben, die zweite Hälfte des Teigs darauf geben und vorsichtig festdrücken.
Bei 180 °C 30 – 45 Minuten backen.

Pinienkerne aus dem Mittelmeerraum sind recht teuer, denn ihre Ernte ist sehr aufwendig. Sie sind reich an Eisen und Vitaminen der B-Gruppe.

Tortillas

Für 3 – 4 Personen

250 g Maiskörner
500 ml Wasser
½ TL Salz

Die Maiskörner unter fließendem kaltem Wasser in einem Sieb waschen, in einen großen Topf geben und im Wasser 24 Stunden quellen lassen. Am nächsten Tag den Mais im Einweichwasser zugedeckt bei schwacher Hitze in etwa zwei Stunden weichkochen.
Dann die Körner im Mixer zerkleinern, bis eine geschmeidige Teigmasse entstanden ist. Den Teig salzen, in etwa faustgroße Portionen teilen und diese zu dünnen Fladen ausrollen. Tortillas in einer heißen Eisenpfanne ohne Fettzugabe von beiden Seiten backen, bis sie eine pfannkuchenähnliche Konsistenz haben. Sie sollten noch weich und nicht gebräunt sein.

Tortillas kann man nach Belieben füllen und überbacken oder mit Dips und Saucen (ab Seite 141) servieren.

Frittiertes Klebereiweiß

Als Beilage für 3 – 4 Personen

1 kg Weizenvollkornmehl
1 TL Salz
500 – 550 ml warmes Wasser
Erdnussöl zum Frittieren

Mehl in eine große Rührschüssel sieben, Salz und Wasser nach und nach hinzufügen und zu einem festen, aber glatten Teig verarbeiten. Den Teig mit einem feuchten Geschirrtuch abdecken und etwa eine Stunde ruhen lassen. Dann in ein großes Sieb geben und unter fließendem kaltem Wasser kräftig durchkneten, um möglichst viel Stärke herauszuwaschen. Nach 10 – 15 Minuten Bearbeitungszeit bleiben etwa 300 g Klebereiweiß zurück. Anschließend möglichst viel Wasser herauspressen. Das Klebereiweiß in 35 – 40 kleine Stücke schneiden. Das Öl in einem Wok erhitzen und die Stücke frittieren. Natürlich eignet sich auch eine Fritteuse.
Heiß als Beilage zu Gemüsegerichten servieren.

Klebereiweiß (Gluten) wird in der chinesischen Küche auch als »Falsches Fleisch« oder »Falsches Huhn« bezeichnet. Es stellt in der Tat eine bessere Alternative zum »Sojafleisch« dar, ist in der Zubereitung allerdings etwas aufwendig. Die fertigen Stücke können frittiert, gekocht, gedämpft oder gebacken werden. Das Ergebnis entschädigt für die Mühe!

Pizza piante di mare

Für 3 – 4 Personen

Für den Teig:
½ Würfel frische Hefe
150 ml Wasser
1 TL Roh-Rohrzucker
250 g Weizenmehl
1 TL Salz
1 EL Pflanzenöl
Fett für das Blech

Für den Belag:
2 – 3 Blätter getrocknete Algen (Yaki-Nori oder Seegras)
etwas Wasser zum Einweichen
1 EL Olivenöl
1 TL Basilikum
½ TL Thymian
½ TL Oregano
1 Msp Salbei
1 TL Kreuzkümmelsamen
1 große Zwiebel
2 Knoblauchzehen
1 EL Sojasauce
100 g schwarze Oliven

Für den Guss:
1 EL weißes Mandelmus
100 ml Sojatrunk
1 TL Gemüsebrühpulver
1 EL Sojamehl, vollfett

Die Hefe in etwas lauwarmem Wasser auflösen, Roh-Rohrzucker und etwas Weizenmehl hinzufügen und mit einem feuchten Tuch bedeckt 20 Minuten gehen lassen.
Den Vorteig mit dem restlichen Mehl, Salz, Öl und dem restlichen Wasser vermischen, 10 Minuten kräftig kneten und noch einmal 30 Minuten gehen lassen.
In der Zwischenzeit den Belag vorbereiten. Dafür die Algen in etwas Wasser einweichen, sodass sie gerade bedeckt sind. Das Öl in einem Topf erhitzen und die Gewürze für ein paar Sekunden anrösten. Zwiebel schälen und in Ringe schneiden, hinzugeben und glasig braten. Den Knoblauch schälen, in dünne Scheiben schneiden und in den Topf geben, nach einigen Minuten mit der Sojasauce ablöschen und die eingeweichten Algen hinzufügen.
Diese Mischung für wenige Minuten schmoren lassen, vom Herd nehmen und abkühlen lassen.
Inzwischen ist der Teig fertig. Noch einmal gut durchkneten und auf einem gefetteten Backblech ausrollen.
Den Belag auf dem Teig verteilen und die Oliven daraufsetzen.
Die Zutaten für den Guss zu einer cremigen Masse miteinander vermengen. Eventuell noch etwas mehr Sojamehl bzw. Sojatrunk zufügen.
Der Guss soll etwa die Konsistenz von Schmelzkäse erhalten.
Bei 200 °C etwa 25 Minuten im vorgeheizten Backofen backen.

Oliven sind eine geradezu unverzichtbare Zutat der Mittelmeerküche. Grüne und schwarze Früchte stammen von ein und demselben Gewächs: Grün sind die unreif geernteten Früchte, sie schmecken herber als die schwarzen, die reif geerntet werden und einen höheren Mineralstoffgehalt haben.

Pizza Verde

Für 3 – 4 Personen

Für den Teig:
20 g Hefe
150 ml lauwarmes Wasser
½ TL Salz
½ TL Roh-Rohrzucker
250 g Weizenvollkornmehl
1 EL Olivenöl
Fett für das Blech

Für den Belag:
300 g Brokkoli
500 g Spinat
1 EL Olivenöl
je ½ TL Basilikum, Rosmarin, Salbei, Thymian und Oregano
3 Knoblauchzehen
200 g Tomatenmark
½ TL Salz

Für den Guss:
30 g weißes Mandelmus
100 ml Sojatrunk
1 EL Gemüsebrühpulver
3 EL Würzhefeflocken
1 EL Sojamehl, vollfett

Die Hefe in etwas lauwarmem Wasser auflösen, Salz und Roh-Rohrzucker hinzufügen und mit einem feuchtwarmen Tuch bedeckt 20 Minuten gehen lassen.
Das Mehl und den Rest des Wassers in den vorbereiteten Vorteig rühren und 10 Minuten kneten.
Nun den Teig noch einmal zugedeckt 20 Minuten gehen lassen.
Das nicht zu kalte Olivenöl unter den Teig kneten, Teig ausrollen, auf ein gefettetes Backblech legen und zugedeckt noch einmal 10 Minuten ruhen lassen.
In der Zwischenzeit den Brokkoli waschen und in kleine Röschen teilen, den Spinat ebenfalls gründlich waschen und grob hacken. Einen großen Topf mit Wasser füllen, zum Kochen bringen und das Gemüse darin etwa 3 Minuten blanchieren.
Olivenöl in einem kleinen Topf erhitzen, die getrockneten Kräuter hineingeben und wenige Sekunden anbraten. Den Knoblauch schälen, grob hacken und kurz mitbraten. Das Tomatenmark hinzufügen, salzen, umrühren und das Ganze vom Herd nehmen.
Für den Guss das Mandelmus in dem Sojatrunk auflösen, Gemüsebrühpulver, Würzhefeflocken und Sojamehl unterrühren, bis eine dickflüssige Masse entstanden ist.
Schließlich die Tomatenmarkmasse gleichmäßig auf dem Pizzateig verteilen, das grüne Gemüse darauflegen und zum Schluss alles mit dem Guss übergießen.
Die Pizza im vorgeheizten Backofen bei 200 °C 25 Minuten backen.

Indisches Kartoffelgratin

Für 2 – 3 Personen

450 g Tofu
10 mittelgroße Kartoffeln
Fett für die Form
½ TL Asafoetida
1 TL Salz
1 TL gemahlener schwarzer Pfeffer
3 EL frische gehackte Korianderblätter
3 EL gemahlener Koriander
90 g vegane Pflanzenmargarine

Für die Sauce:
30 g weißes Mandelmus
1 EL Zitronensaft
700 ml Sojatrunk
1 TL Kurkuma

Den Tofu unter fließendem kaltem Wasser abwaschen und das Wasser anschließend gut auspressen.
Kartoffeln waschen, schälen und in dünne Scheiben schneiden.
Eine Auflaufform (mit Deckel) mit Pflanzenmargarine auspinseln und den Boden mit einem Drittel der Kartoffelscheiben auslegen; diese Schicht mit einem Drittel von jedem Gewürz in folgender Reihenfolge bestreuen: Asafoetida, Salz, Pfeffer, klein gehackte Korianderblätter und gemahlener Koriander. Dann eine Schicht aus einem Drittel des zerkrümelten Tofus auf die Kartoffelscheiben geben. Die Zutaten für die Sauce miteinander verrühren. Ein Drittel der Sauce über die Tofuschicht geben und darauf schließlich noch ein Drittel der Pflanzenmargarine in kleinen Portionen über dem Gratin verteilen. Jetzt wieder mit einer Schicht Kartoffelscheiben beginnen und in der genannten Reihenfolge alle Zutaten in der Form verteilen.
Im Ofen 35 Minuten bei 200 °C backen, dann den Deckel abnehmen und weitere 25 Minuten bei 180 °C backen.

Korianderblätter spielen in der indischen Küche eine ähnliche Rolle wie bei uns die Petersilie. Die Pflanzen gedeihen hervorragend im Kräuterbeet und bei guter Pflege auch auf dem Balkon. Asiatische Lebensmittelgeschäfte halten fast immer frische Pflanzen bereit; das Saatgut ist auch im Versand erhältlich (Bezugsquellen siehe Anhang Seite 188).

Vegane Moussaka

Für 3 – 4 Personen

400 g Zwiebeln
50 g Walnusskerne
etwa 10 EL Olivenöl
1 TL getrocknetes Basilikum
je ½ TL Rosmarin, Salbei, Thymian, Oregano
1 TL frisch gemahlener weißer Pfeffer
1 TL Salz
½ TL Zimtpulver
1 Aubergine (etwa 300 g)
2 Zucchini (etwa 350 g)
500 g Tomaten
4 Knoblauchzehen
500 g Kartoffeln
vegane Pflanzenmargarineflöckchen zum Belegen

Für die Sauce:
40 g vegane Pflanzenmargarine
40 g Weizen- oder Dinkelvollkornmehl
500 ml Sojatrunk
3 EL Würzhefeflocken
Salz
Pfeffer
½ TL frisch geriebene Muskatnuss
1 EL Zitronensaft
2 EL Sojamehl, vollfett
etwas Wasser zum Anrühren

Die Zwiebeln schälen und fein hacken und die Walnusskerne grob zerkleinern.

2 EL Öl in einem Topf nicht zu stark erhitzen, Kräuter zugeben und ein paar Sekunden anbraten. Zwiebeln hinzufügen und bei mittlerer Hitze unter Rühren weichdünsten. Die Nüsse kurz mitdünsten und mit Pfeffer, Salz und Zimt würzen.
Aubergine und Zucchini waschen und quer in dünne Scheiben schneiden. Das Gemüse portionsweise in 7 EL Öl bei mittlerer Hitze von beiden Seiten braten und beiseite stellen.
Die Tomaten würfeln und die Stielansätze entfernen. Knoblauch schälen und sehr fein hacken.
1 EL Öl erhitzen. Tomaten mit dem Knoblauch darin andünsten und bei mittlerer Hitze einkochen lassen, bis sie sämig sind.
Für die Sauce die Pflanzenmargarine in einem Topf bei geringer Hitze schmelzen lassen. Das Mehl aussieben und gut unterrühren und den Sojatrunk unter kräftigem Rühren mit dem Schneebesen dazugießen.
Die Sauce bei schwacher Hitze etwa 5 Minuten köcheln lassen.
Dann die Hefeflocken unter die Sauce rühren, mit Salz, Pfeffer, Muskat und Zitronensaft würzen.
Das Sojamehl in etwas Wasser cremig rühren und die Mischung unterrühren.

Kartoffeln waschen, schälen und mit dem Sparschäler in dünne Scheiben schneiden. Den Backofen auf 180 °C vorheizen.
Eine Auflaufform schichtweise mit Kartoffeln, Zwiebelragout, Zucchini, der Tomatenmischung und den Auberginen in dieser Reihenfolge füllen. Jede Schicht mit etwas weißer Sauce übergießen. Die restliche Sauce über die Moussaka geben und mit Margarineflöckchen belegen.
Bei 180 °C 45 Minuten backen.
Mit Fladenbrot (ab Seite 152) servieren.

Auberginenscheiben nehmen verblüffend viel Öl auf. Damit sie bekömmlicher werden, nach dem Braten auf Küchenkrepp abtropfen lassen, damit das überschüssige Öl aufgesogen wird.

Gebratene Fenchelkartoffeln

Für 2 – 3 Personen

400 g Kartoffeln
400 g Fenchelknollen
1 EL Erdnussöl
1 TL Kalonjisamen (Schwarzkümmel)
¼ TL Cayennepfeffer
1 TL Salz
etwas Fenchelgrün

Kartoffeln schälen und in dünne Streifen schneiden. Fenchel putzen, Stiele und holzige Teile entfernen und in 2 cm große Stücke teilen. Das Öl im Wok oder in einer großen Pfanne erhitzen und die Kalonjisamen darin einige Sekunden anrösten. Kartoffeln und Fenchel zugeben und für einige Minuten anbraten, Cayennepfeffer zugeben und alles bei niedriger Hitze 20 Minuten zugedeckt garen.
Hin und wieder umrühren, damit die Kartoffeln nicht ansetzen. Salz und Fenchelgrün zugeben und noch etwa 5 Minuten schmoren.
Dazu passt Reis.

Wer keinen Wok zur Verfügung hat, kann genauso gut eine große Pfanne verwenden.

Mangoldgemüse

Für 2 – 3 Personen

800 g Mangold
½ TL Fenchelsamen
1 Zwiebel
2 Knoblauchzehen
200 g Kartoffeln
1 EL Sesam- oder Erdnussöl
½ TL Ajowansamen
1 TL Kurkuma
¼ TL Asafoetida
200 ml Wasser
1 TL Salz

Mangold waschen und die Stiele von den Blättern trennen. Blätter hacken und Stiele in 2 cm lange Stücke schneiden. Die Fenchelsamen in einem Mörser zerstoßen und die Zwiebel schälen und klein hacken; den Knoblauch schälen und in hauchdünne Scheiben schneiden und die Kartoffeln schälen und in kleine Würfel schneiden.
Nun das Öl in einem Wok oder einem großen Topf erhitzen und die Fenchel- und Ajowansamen für 10 Sekunden anrösten, Zwiebelstücke zugeben und glasig braten, dann die Kartoffelwürfel zugeben.
Wenn die Kartoffeln zu bräunen beginnen, Knoblauchscheiben, Kurkuma und Asafoetida ebenfalls für 2 Minuten mitbraten.
Als Nächstes den Mangold sowie das Wasser hinzufügen. Alles bei schwacher Hitze im geschlossenen Topf 20 Minuten schmoren. Mit Salz abschmecken.
Dazu schmeckt Reis.

Mangold ist ein Blattgemüse, das wie Spinat zubereitet werden kann. Es schmeckt milder als Spinat und auch die Stiele können mitverwendet werden. Allerdings ist sein Oxalsäuregehalt noch höher als bei Spinat.
Oxalsäure bildet mit Mineralstoffen, wie z. B. Calcium, im Darm unlösliche Salze, die die Aufnahme dieser Mineralstoffe hemmen. Ab und zu genossen, ist Mangold völlig unbedenklich und erst ab 800 – 900 g pro Person kann ein bedenklicher Oxalsäurewert erreicht werden.

Herbstgemüsecurry

Für 3 – 4 Personen

1 große Aubergine
350 g Kürbis (geschält)
400 g grüne Bohnen
3 mittelgroße Kartoffeln
1 EL Erdnussöl
1½ TL schwarze Senfkörner
2 getrocknete Chilischoten
3 Lorbeerblätter
1 TL Bockshornkleesamen
1 TL Anissamen
1 TL gemahlener Kreuzkümmel
400 ml Wasser
1 TL Roh-Rohrzucker
1 TL Salz

Gemüse waschen, Auberginen und Kürbis würfeln, Bohnen in 5 cm lange Stücke schneiden, Kartoffeln schälen und würfeln. Das Öl in einem großen Topf auf mittlerer Flamme erhitzen. Senfkörner, zerbröselte Chilis, Lorbeerblätter und Bockshornkleesamen hineingeben. Den Topf schließen, damit die Senfkörner nicht herausspringen. Sobald es anfängt zu knistern, die Hitze reduzieren.
Wenn die Senfkörner aufhören zu springen und die Bockshornkleesamen dunkel werden, die Anissamen und den gemahlenen Kreuzkümmel hinzufügen.

Die Kartoffelwürfel dazugeben und anbraten, bis sie goldgelb sind. Durch das Anbraten der Kartoffeln wird verhindert, dass sie auseinanderfallen.
Dann die Kürbis- und Auberginenwürfel dazugeben und mitdünsten.
Nun die Bohnenstückchen zusammen mit dem Wasser hinzugeben.
Den Topf schließen. Auf niedriger Flamme kochen lassen, dabei öfter umrühren.
Nach etwa 15 Minuten Roh-Rohrzucker und Salz untermengen und auf niedriger Flamme dünsten, bis das Gemüse weich ist und die Sauce andickt.
Die Lorbeerblätter entfernen.
Das Gemüsecurry mit Reis servieren.

Speisekürbisse und Hokkaidokürbisse eignen sich für dieses Gericht gleichermaßen. Ich bevorzuge den goldorangenen Hokkaidokürbis; er ist aromatischer und fester.
Kürbisse werden in Indien seit Beginn des Ackerbaus kultiviert. Viele der indischen Sorten sind aber hierzulande unbekannt.

Scharfer Currytofu

Für 3 – 4 Personen

250 g Tofu
200 g Bambussprossen, möglichst frisch
200 g Champignons
1 EL Sesam- oder Erdnussöl
400 ml Wasser
100 g Santen (eingedickte Kokosmilch)
1 EL gelbe Currypaste
50 g Jaggery
1 EL Sojasauce
5 Zitronenblätter
1 rote Peperoni

Tofu und Bambussprossen unter fließendem kaltem Wasser abspülen, Champignons behutsam unter Wasser abputzen. Alle drei Zutaten abtropfen lassen. Tofu in etwa 4 cm lange und 2 cm breite Rechtecke schneiden, die Bambussprossen in etwa 1 cm große Würfel schneiden und die Pilze vierteln.
Das Öl nun im Wok oder in einem großen Topf erhitzen und den Tofu darin anbraten. Mit einem Schaumlöffel herausnehmen und beiseite stellen.
Für die Kokosmilch das Wasser zum Kochen bringen und das Santen darin auflösen. Die Herdplatte ausschalten.

Nun die gelbe Currypaste in den Wok geben, kurz anrösten und mit der Kokosmilch ablöschen. Die Jaggerystücke in der heißen Kokossauce auflösen, dann Sojasauce und Zitronenblätter hinzufügen, unter Rühren 3 Minuten kochen lassen.
Die Peperoni klein schneiden. Zum Schluss den angebratenen Tofu, Champignonstücke, Bambus- und die Peperonistückchen zugeben und noch 5 Minuten köcheln lassen.
Dazu schmeckt Reis.

Die für dieses Rezept benötigte gelbe Currypaste gibt es in jedem guten asiatischen Lebensmittelgeschäft.
Sie enthält nur rote Chilis, Zwiebeln, Knoblauch, Salz, Zitronengras, Kurkuma und Galgantwurzel. Andere Currypasten sind oftmals nicht vegan und schmecken vollkommen anders.
Frische Bambussprossen bekommt man dort auch, die dicksten sind die besten! Bambussprossen sind die jungen, noch unverholzten Triebe des Bambus.
Sie sind reich an Kalium und Vitaminen der B-Gruppe.

Gebratene Tofutomaten

Für 2 – 3 Personen

250 g Tofu
6 mittelgroße Tomaten
1 EL Erdnussöl
2 TL Kreuzkümmelsamen
1 TL Kurkuma
1 TL Salz
½ TL Pfeffer
2 EL gehackte frische Korianderblätter zum Garnieren

Für den Veggighurt:
30 g weißes Mandelmus
100 ml Sojatrunk
1 EL Zitronensaft

Den Tofu unter kaltem Wasser abspülen, ausdrücken und in kleine Stücke brechen. Dann die Tomaten waschen und achteln. Das Öl in einem Wok, einer großen Pfanne oder einem schweren Topf erhitzen und die Kreuzkümmelsamen hineingeben. Sobald sie sich zu verfärben beginnen, die Tomatenstücke hinzufügen und vorsichtig unter Wenden anbräunen. Jetzt die Tofustücke zugeben, mit Kurkuma, Salz und Pfeffer würzen und 2 – 3 Minuten vorsichtig rühren, damit die Tofu- und Tomatenstücke nicht matschig werden.
In der Zwischenzeit für den Veggighurt das Mandelmus in dem Sojatrunk auflösen und mit dem Zitronensaft vermengen.

Zum Schluss den fertigen Veggighurt unter die Tomaten-Tofu-Mischung ziehen und alle Zutaten behutsam mischen. Nochmals vorsichtig erhitzen, aber nicht mehr kochen.
Mit den gehackten Korianderblättern garniert heiß servieren.
Dazu schmeckt Reis.

Dies ist ein Gericht für den Wok, es gelingt aber auch in einer großen Pfanne oder einem schweren Topf.

Kichererbsenpfannkuchen

Für 3 – 4 Personen

200 g Kichererbsenmehl (Gram Flour oder Besan)
50 g Weizenvollkornmehl
1 TL Kreuzkümmelsamen
¼ TL Chilipulver
¼ TL Asafoetida
¾ TL Kurkuma
1½ TL Salz
¼ TL gemahlener schwarzer Pfeffer
1 TL gemahlener Koriander
280 ml kaltes Wasser
2 mittelgroße Tomaten
1 grüne Paprikaschote
2 EL frisch geriebener Ingwer
etwa 3 EL vegane Pflanzenmargarine

In einer großen Rührschüssel Kichererbsenmehl, ausgesiebtes Weizenmehl, Kreuzkümmelsamen, Chilipulver, Asafoetida, Kurkuma, Salz, Pfeffer und gemahlenen Koriander vermischen.
Behutsam das kalte Wasser hinzugießen, dabei gleichzeitig rühren, bis ein dickflüssiger Pfannkuchenteig entsteht.
Die Tomaten klein schneiden und die Paprikaschote würfeln. Dann den geriebenen Ingwer, die Tomaten- und die Paprikastücke in den Teig rühren und den Teig 15 Minuten ruhen lassen.
1 EL Margarine in einer Bratpfanne auf mittlerer Flamme erhitzen.
Mit einer Schöpfkelle so viel Teig hineingeben, dass ein Pfannkuchen von etwa 15 cm Durchmesser entsteht.
Natürlich können Sie auch – je nach Pfannengröße – größere Pfannkuchen backen, dann wird allerdings das Wenden schwieriger.
Langsam und unter häufigem Wenden von beiden Seiten ausbacken, sodass die Pfannkuchen goldbraun und knusprig werden.
Die Pfannkuchen können im Backofen bei 100 °C warm gehalten werden, bis alle fertig sind.
Heiß mit verschiedenen Chutneys (ab Seite 141) und Rohkostsalat servieren.

Kichererbsenmehl bekommt man in asiatischen Lebensmittelgeschäft und im Versand (Bezugsquellen Seite 188). Daraus lassen sich nicht nur Pfannkuchen herstellen, sondern auch köstliches Konfekt und sämige Saucen.

Selleriepuffer

Für 3 – 4 Personen

100 g Buchweizen
1 EL Gomasio (Sesamsalz)
1 TL Weinsteinbackpulver
200 ml Wasser
300 g Knollensellerie
vegane Pflanzenmargarine zum Braten

Den Buchweizen fein mahlen. Das Buchweizenmehl mit Gomasio und Backpulver vermengen, dann unter Rühren das Wasser angießen und alles zu einem zähflüssigen Teig verarbeiten. Sellerie grob raspeln und untermischen und den Teig etwa 15 Minuten ruhen lassen.

In einer – möglichst beschichteten – Bratpfanne etwas Margarine erhitzen und mit einer Gabel etwas von dem Teig in das heiße Fett geben, zu einem Fladen flachdrücken und diesen unter häufigem Wenden ausbacken, bis er goldbraun ist.
Die fertigen Fladen können im Backofen bei 100 °C warm gehalten werden, bis alle fertig sind.
Heiß, z. B. mit Avocadodip (Seite 148), servieren.

Knollensellerie ist ausgesprochen mineralstoffreich und kann im Keller den ganzen Winter über gelagert werden. Damit hat man auch in der gemüsearmen Jahreszeit heimische Frischkost auf dem Tisch!

Chutneys, Saucen, Dips und mehr

Chutneys sind köstliche süßscharfe Aperitifs oder Digestifs. Alleine oder zusammen mit einer Vorspeise gereicht, regen sie nämlich den Appetit an, und ihre verdauungsfördernde – digestive – Wirkung bei Vollkorn- oder Dal-Gerichten werden frischgebackene Veganerinnen und Veganer schnell zu schätzen wissen.
Chutneys, Dips und Saucen passen nicht nur zu Salaten, sie eignen sich auch als Brotaufstrich, geben Getreideklößchen, Koftas, Bratlingen & Co. eine besondere Note oder »peppen« ein Linsengericht auf.

Apfelchutney

1 kg Äpfel
1 EL Sesamöl
2 EL geriebener frischer Ingwer
2 Zimtstangen, etwa 5 cm lang
1 TL Anissamen
5 Gewürznelken
2 getrocknete Chilischoten
1 TL Kurkuma
1 Prise Asafoetida
4 EL Wasser
2 EL Roh-Rohrzucker

Die Äpfel waschen, schälen, vom Kerngehäuse befreien und in kleine Stücke schneiden.
Das Sesamöl in einem Topf nicht zu stark erhitzen, den Ingwer, die Zimtstangen, die Anissamen, die Gewürznelken und die zerbröselten Chilis hineingeben. Etwa 30 Sekunden rühren, bis die Anissamen braun werden, dann sofort Kurkuma, Asafoetida und zum Schluss die Apfelstücke hineingeben. Unter Rühren anbraten, bis die Äpfel braun sind, dann das Wasser dazugeben. Den Topf bedecken. Kochen lassen und häufig umrühren, bis die Äpfel weich sind.
Dann die Apfelstücke im Topf zerdrücken. Den Roh-Rohrzucker einrühren.
Die Hitze erhöhen und so lange rühren, bis die Paste eindickt.
Zimmerwarm servieren.

Suchen Sie für dieses Chutney feste, reife Äpfel aus. Auch aus anderen Früchten wie Pfirsichen, Pflaumen, Aprikosen, Mangos, Stachelbeeren oder Brombeeren kann dieses Chutney zubereitet werden.

Mangochutney

1 große, reife Mango
1 frische Chilischote
1 EL frisch geriebener Ingwer
½ TL Salz
2 EL frische oder
2 TL getrocknete Minzenblätter

Die Mango schälen, das Fleisch in Streifen abschneiden, zerkleinern und den Stein sauber abschaben. Das Fruchtfleisch zusammen mit den übrigen Zutaten im Mixer pürieren, sodass ein dickflüssiger Brei entsteht. In kleinen Schälchen als Beilage zu einer Mahlzeit servieren, z. B. zu Reis mit Moong-Dal und Ingwer (Seite 96) oder zu Kichererbsenpfannkuchen (Seite 138).

Kokos-Koriander-Chutney

100 g frische Korianderblätter
4 Knoblauchzehen
1 EL frisch geriebener Ingwer
50 g Kokosraspel
1 EL Zitronensaft
½ TL Salz

Korianderblätter hacken. Alle Zutaten im Mixer pürieren, bis eine homogene Paste entstanden ist.
Passt z. B. zu Grünkernkebabs (Seite 117) oder Kichererbsenpfannkuchen (Seite 138).

Knoblauch vertreibt nicht nur Vampire und hohen Blutdruck, sondern hat mit seinem Geruch auch unangenehme Eigenschaften. Das Kauen von grünen Kardamomsamen nach dem Knoblauchgenuss kann den unerwünschten Geruch etwas mildern.

Currysauce

100 ml Wasser
50 g Santen
(eingedickte Kokosmilch)
1 EL Sesamöl
2 TL gelbe Currypaste
1 EL grobes Erdnussmus

Für die Kokosmilch das Wasser zum Kochen bringen und Santen darin auflösen. Sesamöl bei mittlerer Hitze in einem kleinen Topf erhitzen und die Currypaste darin anbraten. Hitze herunterschalten, Kokosmilch zugeben und alles 2 Minuten leise köcheln lassen.
Nun die Sauce vom Herd nehmen und das Erdnussmus in die heiße Mischung rühren.
Schmeckt heiß und kalt zu Kebabs (Seite 117), Reispapierrollen (Seite 122) und Bratlingen (Seite 97), aber auch als Brotaufstrich.

Die für dieses Rezept benötigte gelbe Currypaste gibt es in jedem gut sortierten asiatischen Lebensmittelgeschäft. Sie enthält nur pflanzliche Zutaten wie rote Chilis, Zwiebeln, Knoblauch, Salz, Zitronengras, Kurkuma und Galgantwurzel. Andere Currypasten sind oftmals nicht vegan und schmecken vollkommen anders.

Erdnusssauce

80 ml Wasser
70 g Santen
(eingedickte Kokosmilch)
1 EL grobes Erdnussmus
1 EL Rotweinessig
1 EL Sojasauce
50 g Jaggery
½ TL Chilipulver

Für die Kokosmilch das Wasser zum Kochen bringen und das Santen darin auflösen. Dann alle Zutaten mit dem Pürierstab oder in der Küchenmaschine mixen. Fertig zum Servieren!
Passt hervorragend zu Kebabs (Seite 117) und Bratlingen (Seite 97).

Scharf-süß-saure Sauce

1 EL Miso
1 EL Distelöl
1 EL Rotweinessig
50 g Jaggery
½ – 1 TL roter Pfeffer
1 EL Sesamöl
1 TL gemahlener Kreuzkümmel
1 TL gemahlener Koriander
1 EL Tomatenmark, einfach konzentriert
200 ml Sojatrunk

Miso, Distelöl, Essig, Jaggery und roten Pfeffer mit dem Pürierstab oder in der Küchenmaschine gut vermischen und beiseite stellen. Das Sesamöl in einem kleinen Topf bei mittlerer Hitze erwärmen, Kreuzkümmel und Koriander darin für ein paar Sekunden anrösten.
Die Hitze reduzieren. Tomatenmark zugeben und kurz darauf den Sojatrunk hineingießen. Einmal aufkochen lassen und die ganze Mischung in die angerührte Misomischung geben – gut verrühren.
Diese Sauce schmeckt warm oder gekühlt. Sie passt zu jeder Art Fladenbrot (ab Seite 152) genauso gut wie zu Kebabs (Seite 117), Bratlingen (Seite 97) und Reispapierrollen (Seite 122).

Scharfe Chilisauce

1 Zwiebel
2 EL Olivenöl
1 Knoblauchzehe
1 TL Oregano
1 EL Weizenmehl
1 Tasse Wasser
1 EL Sonnenblumenkerne
5 TL Chilipulver
½ TL Salz

Die Zwiebel schälen, würfeln und in dem Öl glasig dünsten, Knoblauch schälen und zerdrücken, zusammen mit dem Oregano zugeben und kurz mitbraten. Weizenmehl einstreuen, mit dem Wasser ablöschen. Kochen lassen.
Die Sonnenblumenkerne mahlen und zusammen mit dem Chilipulver und dem Salz dazugeben. Nochmals aufkochen, Hitze wieder reduzieren und 20 Minuten durchziehen lassen. Heiß oder kalt servieren.
Passt besonders gut zu Tortillas (Seite 128) und Bratlingen (Seite 97).

Tofu-Miso-Sauce

100 g Tofu
1 EL Zitronensaft
300 ml Sojatrunk
1 EL Miso

Zuerst den Tofu mit Zitronensaft und Sojatrunk im Mixer gut verrühren. Miso untermischen und die Sauce wahlweise erwärmen (nicht kochen!) oder gekühlt servieren.
Passt gut zu Bratlingen (Seite 97).

Knoblauch-Öl-Dressing

3 Knoblauchzehen
4 EL Distelöl
½ TL Salz

Knoblauch schälen, grob zerkleinern und zusammen mit Öl und Salz mit dem Pürierstab zu einer Paste verarbeiten.
Passt zu Rohkostsalaten.

Tofughurtdressing

100 g Tofu
1 EL Zitronensaft
300 ml Sojatrunk
1 EL gehackter Schnittlauch
1 EL gehackter Dill
½ TL Meersalz

Den Tofu mit dem Zitronensaft und dem Sojatrunk im Mixer so lange pürieren, bis eine cremige Flüssigkeit entstanden ist und der Tofu nicht mehr klumpig ist.
Nun die Kräuter und das Salz untermischen und gekühlt servieren.
Passt zu Rohkostsalaten.

Mischen Sie nicht den ganzen Salat mit einer einzigen Sauce. Eine Schüssel Rohkostsalat und drei bis vier Saucen in Schälchen extra dazu gereicht, können ein paar geraspelte Möhren zum Gedicht für Augen, Nase und Gaumen machen!

Süßscharfe Tahinsauce

2 EL ungesalzenes Tahin
1 EL Sesamöl
½ TL Miso
1 EL Rosenwasser
1 EL Zuckerrübensirup
1 TL Chilipulver

Zuerst das Tahin mit dem Sesamöl vermischen, dann das Miso unterrühren und schließlich Rosenwasser, Zuckerrübensirup und Chilipulver mit der Paste vermengen.
Bei Zimmertemperatur servieren.
Passt zu Grünkernkebabs (Seite 117) und Bratlingen (Seite 97).

Vanillesauce

50 g weißes Mandelmus
200 ml Sojatrunk
2 TL Pfeilwurzelmehl
3 EL kaltes Wasser
1 TL Bourbonvanille-Pulver

Das Mandelmus im Sojatrunk auflösen und in einen kleinen Topf geben. Auf mittlerer Flamme erhitzen.
Inzwischen das Pfeilwurzelmehl mit dem Wasser verrühren.
Sobald die Mandelmilch heiß ist, das angerührte Pfeilwurzelmehl und das Vanillepulver hineingeben und unter Rühren aufkochen, bis die Sauce angedickt ist.
Sofort heiß servieren.
Passt zu roter Grütze (Seite 173).

Carobladensauce

100 g weißes Mandelmus
350 ml Sojatrunk
4 EL Carobpulver
2 EL Pfeilwurzelmehl
etwas Wasser

Zunächst das Mandelmus in dem Sojatrunk auflösen und die Mischung langsam erhitzen. Das Carobpulver unterrühren. Dann das Pfeilwurzelmehl in etwas Wasser anrühren und in die Carobsauce geben.
So lange erhitzen, bis die Mischung beginnt, einzudicken.
Heiß servieren.

Carobguss

150 g weißes Mandelmus
300 ml Sojatrunk
3 EL Carobpulver

Mandelmus, Sojatrunk und Carobpulver mit dem Pürierstab zu einer cremigen Sauce verquirlen.
Passt gut zu Bratäpfeln (Seite 178).

Bananendip

250 ml Sojatrunk
2 EL Zitronensaft
1 EL Sesamöl
1 TL schwarze Senfkörner
2 TL fein gehackter Ingwer
3 EL Kokosflocken
2 große Bananen
¼ TL Cayennepfeffer

Den Sojatrunk in eine Schüssel geben und den Zitronensaft zufügen, aber nicht umrühren. Beiseite stellen.
Das Öl in einem kleinen Topf erhitzen. Die Senfkörner hinzugeben und den Topf schließen. Hitze herunterschalten, denn die Senfkörner springen hoch, wenn sie platzen. Wenn die Senfkörner nicht mehr springen, Ingwer und Kokosflocken hineinrühren, eine Minute anbraten und vom Herd nehmen.
Zitronensaft und Sojatrunk vorsichtig mischen, bis das Ganze eine joghurtähnliche Konsistenz hat. Die Ölmischung daruntermischen.
Die Bananen schälen, würfeln und zusammen mit Cayennepfeffer hinzufügen.
Gut gekühlt servieren.

Gomasio-Würzhefe-Dip

1 EL Gomasio (Sesamsalz)
2 EL Distelöl
1 EL Würzhefeflocken

Gomasio mit dem Distelöl zu einer Paste verrühren und die Hefeflocken unterrühren.

Distelöl, das – möglichst kaltgepresste – Öl der Färberdistel, ist sehr reich an ungesättigten Fettsäuren, und sein Linolsäuregehalt von 30 % macht es besonders wertvoll. Man sollte es nur für kalte Speisen verwenden.

Avocadodip

1 reife, nicht zu weiche Avocado
1 EL Zitronensaft
3 Knoblauchzehen
1 Bund Schnittlauch
½ TL Meersalz (kann entfallen)

Die Avocado der Länge nach aufschneiden, den Kern herauslösen und das Fruchtfleisch mit einem Löffel ausschaben. Das Fruchtfleisch zerkleinern und zusammen mit dem Zitronensaft und dem geschälten und gehackten Knoblauch mit dem Pürierstab pürieren.
Schnittlauch hacken und zum Schluss, eventuell mit Salz, untermischen.
Möglichst bald verbrauchen, da der Avocadodip schnell braun wird.

Avocados haben – verglichen mit anderen Obst- und Gemüsesorten – einen hohen Fettanteil, aber auch viel Eiweiß, Vitamin E, C, D und K und Vitamine der B-Gruppe.

Vegane süße Sahne

100 g weißes Mandelmus
200 ml Sojatrunk

Beide Zutaten mit dem Pürierstab zu einer Creme verarbeiten.

Vegane Schlagsahne

1 reife, nicht zu weiche Avocado
1 EL Zitronensaft
2 EL Apfeldicksaft

Die Avocado der Länge nach aufschneiden, den Kern herauslösen und das Fruchtfleisch mit einem Löffel auskratzen. Grob zerkleinern und mit dem Pürierstab mit den übrigen Zutaten zu einer Creme verarbeiten.

Für Cappuccino eignet sich diese »Sahne« freilich nicht, und so manchen wird vielleicht die Farbe stören. Nichtsdestotrotz ist vegane Schlagsahne eine ausgezeichnete Tortenzugabe ohne chemische Zusatzstoffe!

Veggighurt

Für 200 ml Veggighurt

200 ml Sojatrunk
2 EL Zitronensaft

Den Sojatrunk in eine Tasse geben und den Zitronensaft dazugießen. Nicht umrühren, sondern das Ganze für etwa 10 Minuten stehen lassen, danach den geronnenen Veggighurt behutsam vermischen.

Veganer Quark

200 g Tofu
1 EL Zitronensaft
400 ml Sojatrunk

Den Tofu mit Zitronensaft und Sojatrunk im Mixer oder in der Küchenmaschine so lange mixen, bis alle Klümpchen zerdrückt sind und der vegane Quark eine cremig dickflüssige Konsistenz hat.

Veganen Sahnequark oder auch Sahne-Veggighurt erhält man durch den Zusatz von 1 – 2 EL weißem Mandelmus.

Pikantes Gebäck

Leider enthalten viele herkömmliche Gebäcksorten Butter und/oder Eier. Backfermentbrote werden überdies mit Honig und Butter zubereitet. In konventionellen Bäckereien müssen die Verkäuferinnen und Verkäufer oft erst umständlich nachschlagen, was in ihrem Gebäck drin ist, und den Begriff »vegan« haben sie meist noch nie gehört. Gar nicht selten wandert ein Mehrkornbrötchen statt des gewünschten Vollkorn-Exemplars in die Tüte. Mehrkornbrötchen sind aber ganz normale Brötchen aus Auszugsmehlen, denen ein paar Körner unterschiedlicher Art zugesetzt wurden. Auch Roggenbrötchen sind nicht zwangsläufig aus Vollkornmehl, nur weil sie dunkler sind. »Schwarzbrot« ist häufig ebenfalls kein Vollkornbrot, denn auch hier werden dem normalen Teig häufig nur ein paar ganze Körner zugesetzt. Da muss man in einen Naturkostladen gehen oder selbst kneten.

Maisfladenbrot

Für 4 Fladenbrote

100 g Maiskörner
etwas Einweichwasser
1 TL Salz
100 g Weizenvollkornmehl

Die Maiskörner über Nacht – mindestens aber zwölf Stunden – einweichen. Die Körner sollten 2 cm hoch mit Wasser bedeckt sein. Dann den Mais für 60 – 90 Minuten im Einweichwasser kochen; anschließend das Salz zugeben und im Mixer zerkleinern. Esslöffelweise Weizenmehl zugeben und einen geschmeidigen Teig daraus kneten. In vier Portionen teilen, zu Kugeln rollen und diese in etwa 10 mm dicke Fladen plattdrücken. Die Fladen in einer schweren, gusseisernen Pfanne ohne Fettzugabe von beiden Seiten goldgelb backen.
Die fertigen Brote können im Backofen bei 100 °C warm gehalten werden.
Schmeckt gut zu Suppen und Dalgerichten.

Um aus Maiskörnern einen Teig herzustellen, müssen sie gut gegart und sorgfältig püriert sein, sonst fallen sie auseinander.
Das Ergebnis belohnt für die Mühe!

Griechisches Fladenbrot (Pita)

Für 8 Fladenbrote

350 g Weizenvollkornmehl
50 g Sojamehl, vollfett
20 g Hefe
½ TL Roh-Rohrzucker
250 ml Sojatrunk
2 EL Olivenöl
½ TL Meersalz
etwas Mehl zum Bestäuben
1 – 2 EL Pflanzenöl zum Ausbacken

Etwa 250 g Mehl in eine Schüssel geben und mit dem Sojamehl mischen. Die Hefe hineinbröckeln und den Roh-Rohrzucker und den lauwarm erwärmten Sojatrunk zufügen. Alles gründlich verrühren.
Die Schüssel mit einem feuchtwarmen Tuch abdecken und 15 Minuten an einen warmen Platz stellen.
Dann das restliche Mehl, das Olivenöl und das Salz zum Vorteig geben und alles zusammen zu einem geschmeidigen Teig kneten. Den Teig in acht gleich große Stücke teilen und jedes zu einer Kugel formen. Die Teigkugeln mit etwas Mehl bestäuben.
In einer großen, schweren Pfanne 1 EL Öl zerlaufen lassen. Die Teigkugeln in etwa 2 mm dünne Fladen mit einem Durchmesser von etwa 15 cm drücken. Sobald die Pfanne heiß ist, Hitze reduzieren und die Pitas einzeln hineinlegen.
Die Fladen bei mittlerer Hitze etwa 5 Minuten backen, bis sie goldbraune Flecken haben. Wenden und die andere Seite ebenso backen. Eventuell noch 1 EL Öl zugeben. (In einer beschichteten Pfanne ist das nicht notwendig.)

Pita eignet sich zum Füllen oder kann als Beilage zu Suppen, Linsen- oder Bohnengerichten serviert werden.

Indisches Fladenbrot (Chapati)

Für 4 Fladenbrote

250 g Weizenvollkornmehl
½ TL Salz
150 ml Wasser
3 EL vegane Pflanzenmargarine

Das Mehl fein sieben und mit dem Salz in einer Rührschüssel vermengen. Langsam das lauwarme Wasser dazugeben, dabei das Mehl mit dem Wasser vermengen, bis ein geschmeidiger Teig entsteht.
Den Teig auf eine Arbeitsfläche legen und 10 Minuten gut durchkneten, bis er glatt und elastisch ist. Mit Wasser besprengen, in ein feuchtes Tuch wickeln und eine Stunde ruhen lassen.
Nach der Ruhezeit eine schwere gusseiserne Pfanne ohne Fettzugabe auf mittlerer Flamme vorheizen.
Den Teig mit feuchten Händen nochmals kurz durchkneten, etwa vier gleich große Bällchen formen, mit etwas Mehl bestäuben und auf einem bemehlten Brett zu dünnen Fladen von etwa 15 cm Durchmesser ausrollen.
Das überschüssige Mehl von den Fladen abklopfen und diese auf die vorgewärmte Pfanne legen. Wenn auf der Oberfläche kleine Bläschen erscheinen und sich die Ränder nach oben wölben, den Chapati umdrehen und auf der anderen Seite rösten, bis an der Oberfläche Luftblasen hervortreten. Dann den Fladen mit einem trockenen Baumwolltuch kurz und kräftig auf den Pfannenboden drücken, dadurch bläht er sich beim Loslassen auf.
Eine Seite mit zerlassener Margarine bepinseln und in ein Tuch eingeschlagen warm halten, bis alle Chapatis gebacken sind.
Schmeckt gut zu Suppen und Dalgerichten.

In Nordindien, wo Brot ein Hauptnahrungsmittel ist, kennt man eine Fülle von Brotsorten. Sie werden gebacken, gebraten oder frittiert und kommen ohne Backtriebmittel aus. Chapatis sind wohl die bekanntesten unter ihnen und leicht selber herzustellen.

Fladenbrot mit Kartoffelfüllung

Für 8 Fladenbrote

300 g Weizenvollkornmehl
1½ TL Salz
125 ml Wasser
3 mittelgroße Kartoffeln
1 EL Sesamöl
½ TL Kreuzkümmelsamen
2 EL geriebener frischer Ingwer
½ TL Cayennepfeffer
½ TL Kurkuma
1 EL Zitronensaft
4 EL vegane Pflanzenmargarine
Mehl zum Bestäuben
Sesamöl zum Braten

Das Mehl und ½ TL Salz in einer Rührschüssel vermengen und langsam das Wasser dazugeben; dabei das Mehl mit dem Wasser vermischen, bis ein geschmeidiger Teig entsteht. Den Teig auf eine Arbeitsfläche legen und 10 Minuten durchkneten, bis er glatt und elastisch ist. Mit Wasser besprengen, in ein feuchtes Tuch wickeln und eine Stunde ruhen lassen.
Inzwischen die Kartoffeln weichkochen, unter kaltem Wasser abschrecken, pellen und grob zerstampfen. Das Sesamöl in einem mittelgroßen Topf erhitzen, die Kreuzkümmelsamen dazugeben und unter Rühren anrösten. Einige Sekunden später den geriebenen Ingwer, den Cayennepfeffer und Kurkuma hinzufügen. Als Nächstes die zerdrückten Kartoffeln dazugeben und 4 – 5 Minuten braten, dabei ständig rühren. Nun den Zitronensaft und 1 TL Salz untermengen. Die fertige Mischung abkühlen lassen.
Aus dem Teig acht Bällchen formen und zu etwa 15 cm großen Fladen ausrollen. Die Oberflächen der Fladen mit etwas zerlassener Margarine bepinseln, jeweils 1 EL der Füllung in die Mitte setzen und die Ränder über der Füllung zusammenschlagen. Die Teigbällchen flachdrücken, mit Mehl bestäuben und so dünn wie möglich ausrollen. Dabei aufpassen, dass die Füllung nicht durchgedrückt wird.
Eine schwere Bratpfanne mit Sesamöl einfetten und die Fladenbrote unter häufigem Wenden langsam rösten, bis beide Seiten goldgelb sind. Die fertigen Fladen in ein Tuch eingeschlagen warm halten, bis alle fertig sind.

Gefüllte Fladenbrote heißen in Indien *Paratha*. Zur Abwechslung können sie auch mit Dal oder gewürztem Grünkernschrot gefüllt werden. Oder probieren Sie eine Mischung aus Blumenkohl und Erbsen.

Zwiebelbrot

Ergibt 1 kg Brot

40 g Hefe
400 ml lauwarmes Wasser
½ TL Salz
½ TL Roh-Rohrzucker
750 g Weizenvollkornmehl
2 mittelgroße Zwiebeln
1 EL Olivenöl
1 TL Rosmarin
½ TL Oregano
½ TL Thymian
Fett für die Form

Die Hefe in etwas lauwarmem Wasser auflösen, Salz, Roh-Rohrzucker und 2 EL Mehl zufügen und mit einem feuchtwarmen Tuch bedeckt 20 Minuten gehen lassen.
Das restliche Mehl und den Rest des Wassers in den vorbereiteten Vorteig rühren und 10 Minuten kneten, bis der Teig nicht mehr klebt. Nun den Teig zu einer Kugel formen und noch einmal zugedeckt 20 Minuten gehen lassen.
Inzwischen die Zwiebeln schälen und fein hacken.
Das Olivenöl in einem kleinen Topf nicht zu stark erhitzen und die getrockneten Kräuter darin einige Sekunden anrösten. Zwiebeln zugeben und goldgelb braten, anschließend vom Herd nehmen und abkühlen lassen.

Nun den Teig kräftig durchkneten und dabei die Zwiebelmischung einarbeiten. Den Teig in eine große gefettete Backform geben und noch einmal etwa 20 Minuten gehen lassen.
Eine feuerfeste Schale mit heißem Wasser in den Backofen stellen.
Das Brot auf die untere Schiene in den kalten Backofen schieben und zunächst 20 Minuten bei 250 °C, danach noch etwa 30 Minuten bei 200 °C backen.

Fenchel, Anis und Kümmel fördern die Bekömmlichkeit von Vollkornbrot.

Weizenvollkornbrot

Ergibt 1 kg Brot

40 g Hefe
400 ml lauwarmes Wasser
½ TL Salz
½ TL Roh-Rohrzucker
750 g Weizenvollkornmehl
Fett für das Blech

Die Hefe in etwas lauwarmem Wasser auflösen, Salz, Roh-Rohrzucker und 2 EL Mehl zufügen und mit einem feuchtwarmen Tuch bedeckt 20 Minuten gehen lassen. Das restliche Mehl und den Rest des Wassers in den vorbereiteten Vorteig rühren und 10 Minuten kneten, bis der Teig nicht mehr klebt. Nun den Teig zu einer Kugel formen und noch einmal zugedeckt 20 Minuten gehen lassen.
Den Teig kräftig durchkneten, einen länglichen oder runden Laib formen, auf ein gefettetes Backblech legen und mit einem Messer beliebig einritzen. Noch einmal etwa 20 Minuten gehen lassen.
Eine feuerfeste Schale mit heißem Wasser in den Backofen stellen.
Das Brot auf die untere Schiene in den kalten Backofen schieben und zunächst 20 Minuten bei 250 °C, danach noch etwa 30 Minuten bei 200 °C backen.

1 TL gemahlener Koriander verfeinert den Geschmack von Weizenvollkornbrot.

Gewürzbrot

Ergibt 1 kg Brot

40 g Hefe
400 ml lauwarmes Wasser
½ TL Salz
½ TL Roh-Rohrzucker
750 g Weizenvollkornmehl
½ TL Fenchelsamen
½ TL Anissamen
½ TL Kümmel
½ TL Kardamomsamen
Fett für das Blech

Die Hefe in etwas lauwarmem Wasser auflösen, Salz, Roh-Rohrzucker und 2 EL Mehl zufügen und mit einem feuchtwarmen Tuch bedeckt 20 Minuten gehen lassen. Das restliche Mehl und den Rest des Wassers in den vorbereiteten Vorteig rühren und 10 Minuten kneten, bis der Teig nicht mehr klebt.
Nun den Teig zu einer Kugel formen und noch einmal zugedeckt 20 Minuten gehen lassen.
Anschließend den Teig kräftig durchkneten und dabei die Gewürze einarbeiten, einen länglichen oder runden Laib formen, auf ein gefettetes Backblech legen und mit einem Messer beliebig einritzen. Noch einmal etwa 20 Minuten gehen lassen.
Eine feuerfeste Schale mit heißem Wasser in den Backofen stellen.
Das Brot auf die untere Schiene in den kalten Backofen schieben und zunächst 20 Minuten bei 250 °C, danach noch etwa 30 Minuten bei 200 °C backen.

Tomatenbrot

Für 4 Personen

30 g Hefe
250 ml lauwarmes Wasser
½ TL Salz
½ TL Roh-Rohrzucker
500 g Weizenvollkornmehl
1 Zwiebel
3 Knoblauchzehen
1 – 2 EL Olivenöl
1 EL getrocknetes Basilikum
2 – 3 EL Tomatenmark, mindestens zweifach konzentriert
1 TL Salz
2 reife Tomaten
Fett für die Form

Die Hefe in etwas lauwarmem Wasser auflösen, Salz, Roh-Rohrzucker und 2 EL Mehl zufügen und mit einem feuchtwarmen Tuch bedeckt 20 Minuten gehen lassen. Das restliche Mehl und den Rest des Wassers in den vorbereiteten Vorteig rühren und 10 Minuten kneten, bis der Teig nicht mehr klebt.
Nun den Teig zu einer Kugel formen und noch einmal zugedeckt 20 Minuten gehen lassen.
Die Zwiebel und den Knoblauch schälen und fein hacken. Das Olivenöl erhitzen und das Basilikum einige Sekunden anbraten. Die Zwiebelwürfel zugeben und mitbraten. Dann den Knoblauch hinzugeben. Zuletzt das Tomatenmark einrühren und ebenfalls kurz mitbraten. Die Zwiebel-Tomatenmark-Mischung salzen und dann etwas abkühlen lassen.
Die Tomaten grob würfeln.
Den Teig kräftig durchkneten und die Tomatenwürfel mit der Zwiebel-Tomatenmark-Mischung unter den Teig kneten.
Eine große Brotbackform mit Margarine auspinseln, den Teig hineindrücken und mit einem Messer einritzen. Noch einmal etwa 20 Minuten gehen lassen.
Eine feuerfeste Schale mit heißem Wasser in den Backofen stellen.
Das Brot auf die untere Schiene in den kalten Backofen schieben und zunächst 20 Minuten bei 250 °C, danach noch etwa 30 Minuten bei 200 °C backen.
15 Minuten abkühlen lassen und dann aus der Form lösen.

Mit einem Avocadodip (Seite 148) ist das Tomatenbrot *die* vegane Party-Attraktion! Servieren Sie dazu noch ein paar schwarze Oliven.

Gefüllte Tomaten-Buchweizen-Törtchen

Für 6 – 7 Törtchen

2 EL Sojamehl, vollfett
etwas Wasser zum Anrühren
2 EL Distelöl
100 g Tomatenmark, einfach konzentriert
2 EL Shoyu
2 EL Leinsamen
1½ TL Kreuzkümmelsamen
1 TL Kalonjisamen (Schwarzkümmel)
2 TL getrocknete und gemahlene Nana-Minze
¼ TL Asafoetida
140 ml Wasser
90 g Buchweizen
140 g Weizenvollkornmehl
3 TL Weinsteinbackpulver

Für die Füllung:
1 EL weißes Mandelmus
100 ml Sojatrunk
1 TL Gemüsebrühpulver
2 EL Sojamehl, vollfett

Das Sojamehl mit etwas Wasser anrühren, bis es cremig ist. Öl, Tomatenmark, Shoyu, Leinsamen und die Gewürze miteinander vermischen. Nun das angerührte Sojamehl und danach das Wasser hinzufügen. Buchweizen fein mahlen.
Die angerührte Masse mit Buchweizen- und Weizenmehl und dem Backpulver zu einem Teig vermischen. Sechs bis sieben Bällchen formen, plattdrücken und auf ein mit Backpapier ausgelegtes Blech setzen. Die Fladen sollten etwa 1,5 – 2 cm dick sein. Mit einem Teelöffel Mulden in die Fladen drücken, sodass rundherum etwa 1 cm Rand stehen bleibt. Für die Füllung alle Zutaten so vermischen, dass eine cremige Masse entsteht. Schließlich die Füllung vorsichtig in die Mulden der Fladen gießen.
Bei 180 °C im vorgeheizten Backofen 30 – 45 Minuten backen.

Besonders die noch warmen Tomaten-Buchweizen-Törtchen werden Ihren Gästen schmecken!

Knoblauchbaguette

Ergibt 4 Baguettes

6 Knoblauchzehen
2 EL Olivenöl
½ TL Thymian
½ TL Oregano
½ TL Salbei
½ TL Rosmarin
40 g Hefe
350 ml lauwarmes Wasser
½ TL Salz
½ TL Roh-Rohrzucker
600 g Weizenvollkornmehl
Sesam, Mohn und Sonnenblumenkerne
Fett für das Blech

Den Knoblauch schälen und sehr fein hacken. Olivenöl in einem kleinen Topf nicht zu stark erhitzen, die getrockneten Kräuter darin einige Sekunden anbraten, dann den Knoblauch für eine Minute dazugeben. Topf vom Herd nehmen und abkühlen lassen.
Inzwischen die Hefe in etwas lauwarmem Wasser auflösen. Salz, Roh-Rohrzucker und 2 EL Mehl zufügen und mit einem feuchtwarmen Tuch bedeckt 20 Minuten gehen lassen.
Das restliche Mehl und den Rest des Wassers in den vorbereiteten Vorteig rühren und 10 Minuten kneten.
Nun den Teig noch einmal zugedeckt 20 Minuten gehen lassen.
Dann die Knoblauch-Kräuter-Mischung unter den Teig kneten, vier Rollen formen und die Baguettes in einer Mischung aus Sesam, Mohn und Sonnenblumenkernen wälzen.
Anschließend auf ein gefettetes Backblech legen, abdecken und noch einmal 10 Minuten gehen lassen.
Inzwischen den Backofen auf 250 °C vorheizen und ein kleines, feuerfestes Gefäß mit kochendem Wasser hineinstellen.
Im vorgeheizten Backofen bei 220 °C etwa 20 Minuten backen.

Schneller Zwiebel-Gewürz-Kuchen

Für 4 Personen

2 mittelgroße Zwiebeln
1 EL Olivenöl
1 TL Estragon
1 TL getrockneter Schnittlauch
1 TL getrockneter Dill
2 EL Sojamehl, vollfett
etwas Wasser zum Anrühren
55 g Sonnenblumenkerne
140 ml Wasser
225 g Vollkornmehl
3 TL Weinsteinbackpulver
½ TL Salz
Fett für die Form

Die Zwiebeln schälen und fein hacken. Das Olivenöl in einem kleinen Topf nicht zu stark erhitzen und die getrockneten Kräuter darin einige Sekunden anrösten. Zwiebeln zugeben und goldgelb braten, anschließend vom Herd nehmen und abkühlen lassen.
Inzwischen das Sojamehl mit etwas Wasser anrühren, bis es cremig ist. Zwiebeln und Sonnenblumenkerne miteinander vermischen. Das angerührte Sojamehl und danach das Wasser hinzufügen. Schließlich mit dem gesiebten Mehl, dem Backpulver und dem Salz zu einem Teig verarbeiten. Diesen in eine große gefettete Brotbackform geben und bei 180 °C 30 Minuten backen.
Etwas abkühlen lassen und dann aus der Form lösen.

Sesamkugeln

Für 6 Personen

2 EL Sojamehl, vollfett
etwas Wasser zum Anrühren
100 g Tahin
2 EL Sesamöl
55 g Sesamsamen
140 ml Wasser
225 g Weizenvollkornmehl
3 TL Weinsteinbackpulver
½ TL Salz
Fett für das Blech

Das Sojamehl mit etwas Wasser anrühren, bis es cremig ist. Das Tahin mit dem Öl und den Sesamsamen vermischen. Dann das angerührte Sojamehl und anschließend das Wasser hinzufügen. Schließlich alles mit dem gesiebten Mehl, dem Backpulver und dem Salz zu einem Teig vermischen.
Aus dem Teig etwa faustgroße Kugeln formen und auf ein gefettetes Backblech setzen. Die Kugeln leicht über Kreuz einschneiden und im vorgeheizten Backofen bei 180 °C 20 Minuten backen.

Wer mehr als eine Kugel schafft, ohne zu platzen, ist rekordverdächtig!

Kuchen und andere Süßigkeiten

»Genuss ohne Reue« bedeutet heute im Allgemeinen, hemmungslos essen zu dürfen ohne den wöchentlichen Anfall von Verzweiflung auf der Waage.

Wenn man der Werbung Glauben schenken darf, dann sind Süßigkeiten urgesund, besonders wenn sie eine milchfarbene Füllung haben. Schokolade macht schlank, wenn sie »leicht schmeckt«, Karies der Milchzähne ist kein Problem, wenn die Bonbons nur die richtigen Zutaten haben, und der Hunger ist ein für alle Mal vergessen mit dem richtigen Schokoriegel im Magen.

Frauenzeitschriften und die Frauenseiten der Tageszeitungen führen derlei Behauptungen freilich noch ad absurdum, denn für jede Jahreszeit gibt es die passende Diät: vor dem Urlaub, damit der Badeanzug passt, nach dem Urlaub wegen der vielen Pizza, nach Weihnachten aus naheliegenden Gründen, im Frühjahr muss der Winterspeck runter und zwischendurch noch mal, um nicht aus der Übung zu kommen.

Schokolade setzt im Körper nicht nur Hormone (Endorphine) frei, die zu einem Glücksgefühl verhelfen, sie enthält auch eine ganze Reihe suchterzeugender Substanzen, die kurzfristig »high« machen: Koffein und Theobromin sind regelrechte Muntermacher, sie wirken stimulierend auf das zentrale Nervensystem; biogene Amine steigern den Blutdruck und beeinflussen das psychische Befinden.

Bonbons und Weingummi enthalten oft die reinste Chemiefabrik: Konservierungsstoffe, Farbstoffe, Aromastoffe, Bindemittel und Zucker.

Für Veganerinnen und Veganer sind zudem auch herkömmliche Backwaren problematisch: Fast überall sind Eier, Milchprodukte oder die Krönung der Ekligkeit – Gelatine – enthalten. Konventionelle Margarine enthält, obwohl als »Pflanzenmargarine« deklariert, meistens Milchpulver.

Und dennoch: Ein Kekslein in Ehren kann niemand verwehren!

Hier sind ein paar Vorschläge für die vegane Kuchenschlacht, in denen auf ungesunde Zutaten (weitestgehend) verzichtet wurde.

Oma Veggies Klönschnackkuchen

Für 6 Personen

20 g Hefe
150 ml Wasser
½ TL Salz
½ TL Roh-Rohrzucker
250 g Weizenvollkornmehl
100 g vegane Pflanzenmargarine
50 g Agavendicksaft
1 EL Zimt
150 g Mandelblättchen
Fett für das Blech

Die Hefe im etwas lauwarmen Wasser auflösen, Salz, Roh-Rohrzucker und 2 EL Mehl zufügen und mit einem feuchtwarmen Tuch bedeckt 20 Minuten gehen lassen. Das restliche Mehl und den Rest des Wassers in den vorbereiteten Vorteig rühren und 10 Minuten kneten. Nun den Teig noch einmal zugedeckt 20 Minuten gehen lassen.
Inzwischen 1 EL Margarine in einem kleinen Topf schmelzen, den Agavendicksaft zugeben und bei niedriger Hitze unter ständigem Rühren darin auflösen, bis eine streichfähige Masse entstanden ist. Den Teig noch einmal kräftig durchkneten, ausrollen und auf ein mit Margarine eingepinseltes Backblech legen.

Die Agavendicksaftmasse auf dem Teig ausstreichen und die restliche Margarine in Flöckchen darauf verteilen. Den Kuchen mit Zimt bestreuen und mit Mandelblättchen belegen. Nochmals etwa 15 Minuten gehen lassen. Währenddessen den Backofen auf 200 °C vorheizen.
Auf der mittleren Schiene 20 Minuten backen.

Fast jeder kennt und schätzt noch das gemütliche Beisammensein in Omas und Opas »guter Stube«, oder?
Und mit Oma Veggies veganer Variante wird man den Butterkuchen nicht vermissen!

Nusskuchen

Für 6 Personen

2 EL Sojamehl, vollfett
etwas Wasser zum Anrühren
30 g vegane Pflanzenmargarine
85 g Roh-Rohrzucker
100 g Mischnussmus
100 g gehackte Walnüsse
140 ml Wasser
225 g Weizenvollkornmehl
3 TL Weinsteinbackpulver
½ TL Salz
Fett für die Form

Das Sojamehl mit etwas Wasser cremig rühren und beiseite stellen. Die Margarine zusammen mit dem Roh-Rohrzucker und dem Nussmus zu einer homogenen Masse verarbeiten. Die gehackten Walnüsse zugeben und alles miteinander vermischen. Jetzt das angerührte Sojamehl und danach das Wasser hinzufügen. Schließlich aus dieser Masse, dem gesiebten Mehl, dem Backpulver und dem Salz einen lockeren Teig herstellen. Diese Teigmischung in eine große gefettete Brotbackform geben und bei 180 °C im vorgeheizten Ofen 35 Minuten backen.
Den Kuchen etwas abkühlen lassen und dann aus der Form stürzen.

Möhrenkuchen

Für 6 Personen

300 g Möhren
2 EL Sojamehl, vollfett
etwas Wasser zum Anrühren
55 g vegane Pflanzenmargarine
85 g Roh-Rohrzucker
1 TL gemahlener Kardamom
55 g grob gehackte Haselnüsse
140 ml Wasser
225 g Weizenvollkornmehl
3 TL Weinsteinbackpulver
½ TL Salz
Fett für die Form

Die Möhren schälen und grob raspeln. Sojamehl in etwas Wasser cremig rühren. Die Margarine mit dem Roh-Rohrzucker, dem Kardamom, den Möhrenraspeln und den Haselnüssen vermischen. Dann das angerührte Sojamehl und danach das Wasser hinzugießen und sorgfältig verrühren. Schließlich alles mit dem gesiebten Mehl, dem Backpulver und dem Salz zu einem Teig vermischen. Den Teig in eine große gefettete Brotbackform drücken und bei 180 °C 35 Minuten backen.
Den Kuchen etwa 15 Minuten abkühlen lassen, dann aus der Backform lösen und vorsichtig stürzen.

Bananenkuchen

Für 6 Personen

2 EL Sojamehl, vollfett
etwas Wasser zum Anrühren
3 Bananen
55 g vegane Pflanzenmargarine
35 g Roh-Rohrzucker
55 g grob gehackte Walnüsse
140 ml Wasser
225 g Weizenvollkornmehl
3 TL Weinsteinbackpulver
½ TL Salz
Fett für die Form

Das Sojamehl mit etwas Wasser anrühren, bis es cremig ist. Bananen schälen und im Mixer pürieren. Die Margarine, den Roh-Rohrzucker, das Bananenmus und die gehackten Walnüsse miteinander vermischen. Nun das angerührte Sojamehl und danach das Wasser hinzufügen. Schließlich alles mit dem gesiebten Mehl, dem Backpulver und dem Salz zu einem Teig vermischen. Diesen in eine große, mit Margarine gefettete Brotbackform geben und bei 180 °C im vorgeheizten Backofen 30 – 45 Minuten backen.
Etwas abkühlen lassen und aus der Form stürzen.

Rhabarberkuchen

Für 4 Personen

150 g Maismehl
100 g Weizenvollkornmehl
½ TL Weinsteinbackpulver
¼ TL Bourbonvanillepulver
100 g Zuckerrübensirup
150 ml Sojatrunk
Fett für die Form

Für den Belag:
500 g Rhabarber
etwas Wasser

Zunächst den Rhabarber waschen, schälen und in 1 cm dicke Stücke schneiden. Die Rhabarberstücke in wenig Wasser 10 Minuten köcheln lassen und beiseite stellen. Mais- und Weizenmehl, Backpulver, Vanille und Zuckerrübensirup vermischen und langsam unter Rühren den Sojatrunk zugießen. Mit dem Handrührgerät einen geschmeidigen Teig herstellen und diesen zu einer Kugel formen. Zugedeckt 30 Minuten ruhen lassen. In der Zwischenzeit eine Springform sorgfältig mit Margarine einpinseln. Den Teig in der Kuchenform verteilen und mit der Rhabarbermasse gleichmäßig bestreichen.
Schließlich den Kuchen in den kalten Backofen schieben und bei 200 °C 40 Minuten backen.
Warm mit Vanillesauce (Seite 146) servieren.

Carobkuchen

Für 6 Personen

40 g weißes Mandelmus
70 ml Sojatrunk
3 EL Carobpulver
2 EL Sojamehl, vollfett
etwas Wasser zum Anrühren
55 g vegane Pflanzenmargarine
50 g Roh-Rohrzucker
55 g ungesalzene Pistazienkerne
140 ml Wasser
225 g Weizenvollkornmehl
3 TL Weinsteinbackpulver
½ TL Salz
Fett für die Form

Das Mandelmus in dem Sojatrunk auflösen und mit dem Carobpulver zu einer cremigen Masse verarbeiten. Nun das Sojamehl mit etwas Wasser anrühren, bis es schaumig ist. Die Margarine, den Roh-Rohrzucker, die Carobmasse und die Pistazienkerne mit dem Handrührgerät mixen. Das angerührte Sojamehl untermengen und danach das Wasser hinzufügen. Schließlich alles mit dem gesiebten Mehl, dem Backpulver und dem Salz zu einem lockeren Teig vermischen. Diesen in eine große gefettete Backform drücken und einige Male auf den Tisch stoßen, damit sich alle Luftbläschen schließen.
Den Ofen auf 180 °C vorheizen und den Kuchen 35 Minuten backen.

Carob-Brownie

Für 6 Personen

2 EL Sojamehl, vollfett
etwas Wasser zum Anrühren
280 ml Pflanzenöl
170 g Roh-Rohrzucker
½ TL Bourbonvanille-Pulver
120 g Weizenvollkornmehl
120 g Sojamehl, vollfett
1 TL Weinsteinbackpulver
½ TL Meersalz
120 g Carobpulver
Fett für die Form

Den Backofen auf 180 °C vorheizen. Das Sojamehl in etwas Wasser cremig rühren. Öl, Roh-Rohrzucker, das angerührte Sojamehl und das Vanillepulver miteinander vermischen. Dann die übrigen Zutaten hinzufügen, gut verrühren und zwei bis drei Zentimeter hoch in eine gut mit Margarine eingepinselte eckige Auflaufform oder ein kleines tieferes Backblech geben.
30 – 40 Minuten backen.
Den Brownie-Laib etwas abkühlen lassen und aus der Form lösen.
Möglichst warm, z. B. mit veganer Eiscreme (ab Seite 178), servieren.

Carob ist eine vollwertige Alternative zu Kakao-Produkten. Hergestellt aus den Früchten des Johannisbrotbaums, stellt es ein sehr ausgewogenes Nahrungsmittel dar, das reich an Vitamin A und Vitaminen aus dem B-Komplex ist; ferner enthält es viele Eiweiße und Kohlenhydrate, aber kein Koffein.
Carob ist von Natur aus süß und benötigt in der Regel (z. B. für ein Getränk in Sojatrunk aufgelöst) keinen Zuckerzusatz.

Martins Carobkekse

Für 6 Personen

1 EL Sojamehl, vollfett
etwas Wasser zum Anrühren
250 g Weizenvollkornmehl
1 TL Weinsteinbackpulver
60 g Roh-Rohrzucker
2 EL Zuckerrübensirup
125 g vegane Pflanzenmargarine
3 EL Carobpulver

Das Sojamehl in etwas Wasser cremig rühren. Zu dem Mehl nacheinander Backpulver, Roh-Rohrzucker, Zuckerrübensirup, Margarine, Carobpulver und Sojamehlcreme geben und zu einem lockeren Teig verarbeiten. Daraus 3 cm dicke Rollen formen. Diesen vorbereiteten Teig für etwa eine halbe Stunde kühlen.
Ein Backblech mit Backpapier auslegen.
Schließlich von den Teigrollen 1 cm dicke Scheiben abschneiden und auf dem Backblech verteilen.
In den kalten Ofen schieben und bei 180 °C 10 Minuten backen.

Hirsecrunchys

Für 6 Personen

Fett für die Form
125 g vegane Pflanzenmargarine
75 g Jaggery
2 EL Zuckerrübensirup
230 g Hirseflocken
1 EL blaue Mohnsamen

Zuerst eine rechteckige Auflaufform sorgfältig mit Margarine einfetten. Dann die übrige Margarine in einem Topf schmelzen, den Jaggery darin auflösen und schließlich den Zuckerrübensirup dazugeben. In diese flüssige Mischung die Hirseflocken und den Mohn rühren. Nun diese zähe Masse in die Auflaufform gießen, gleichmäßig verteilen und glatt streichen. Schließlich die Form in den auf 180 °C vorgeheizten Backofen schieben und 25 Minuten backen.
Nach dem Backen kurz abkühlen lassen. Nicht zu lange, sonst wird die Masse hart und lässt sich nur noch zerbröseln. Das ist natürlich auch möglich, sieht aber nicht so schön aus. Zum Schluss die Masse mit einem Messer in mundgerechte Stücke schneiden.
Wenn die Crunchys vollständig abgekühlt sind, mit einem Pfannenwender aus der Form schaben.

Man braucht wirklich weder Honig noch eingeschweißte Süßigkeiten, um Müsliriegel genießen zu können!

Ingwerplätzchen

Für 6 Personen

2 TL Ingwerpulver
225 g Weizenvollkornmehl
1 TL Weinsteinbackpulver
1 Prise Salz
4 EL Zuckerrübensirup
120 g Roh-Rohrzucker
85 g vegane Pflanzenmargarine
1 EL Zitronensaft
2 EL frisch geriebener Ingwer

Das Ingwerpulver, das gesiebte Mehl, das Backpulver und das Salz miteinander vermischen. In einem kleinen Topf den Zuckerrübensirup mit dem Zucker und der Margarine erhitzen. Umrühren, bis sich alles aufgelöst und eine zähflüssige Beschaffenheit hat, dann Zitronensaft hinzufügen. Geriebenen Ingwer mit den trockenen Zutaten vermengen, anschließend die Sirupmischung so lange unterrühren, bis ein fester Teig entstanden ist.
Zum Abkühlen beiseite stellen.
Ein Backblech mit Backpapier auslegen und mit einem Esslöffel Teigkleckse auf das Blech setzen.
Im vorgeheizten Ofen bei 190 °C 10 – 15 Minuten backen.
Dann die Kekse vorsichtig auf einen Drahtuntersetzer legen und abkühlen lassen.
Die Ingwerplätzchen in einer luftdicht schließenden Dose aufbewahren.

Konfektbällchen

Für 8 Personen

100 g vegane Pflanzenmargarine
250 g Kichererbsenmehl (Gram Flour)
250 g Agavendicksaft
250 ml Sojatrunk
250 ml Wasser
1 EL Kokosraspel
1 EL grob gehackte Cashewkerne
1 TL gemahlener Kardamom

Die Margarine in einem großen Topf auf kleiner Flamme schmelzen und das Kichererbsenmehl mit einem Holzkochlöffel einrühren. Ständig rühren, bis das Mehl beginnt, sich zu verfärben und zu duften. Das dauert etwa 15 Minuten. Die Masse vom Herd nehmen.
Agavendicksaft, Sojatrunk und Wasser zusammen in einem Topf erhitzen und 15 Minuten köcheln lassen.
Dann die Kokosraspel, die Cashewkerne und den gemahlenen Kardamom hinzufügen. Diese Mischung nach 2 Minuten unter kräftigem Rühren in das geröstete Kichererbsenmehl mengen. Auf kleiner Flamme erhitzen, bis die Mischung eindickt. Einige Minuten zum Abkühlen beiseite stellen.
Wenn die Masse so abgekühlt ist, dass sie angefasst werden kann, walnussgroße Bällchen daraus formen und in den Kühlschrank stellen.

Cashew-Marzipankugeln

Für 6 Personen

200 g Cashewkernbruch
80 g Jaggery
10 ml Rosenwasser
Kokosraspel, blaue Mohnsamen und Carobpulver zum Verzieren

Die Cashewkerne im Mixer fein mahlen. Den Jaggery und das Rosenwasser hineingeben. Mixen, bis eine formbare Masse entstanden ist. Zum Abkühlen beiseite stellen. Aus der entstandenen Marzipanmasse walnussgroße Kugeln rollen und diese in drei Portionen teilen. Je eine Portion in den Kokosraspeln, eine in den Mohnsamen und eine in dem Carobpulver wälzen.

Als Lübeck im Mittelalter mal wieder belagert wurde und die Speicher bis auf Mandeln, Zucker und Rosenwasser leer waren, entstand eine vegane Köstlichkeit – das Marzipan!

Zimt-Marzipankartoffeln

100 g gehackte Mandeln
1 TL gemahlener Kardamom
1 Prise gemahlene Gewürznelken
40 g Jaggery
1 EL Rosenwasser
etwas Zimt

Die Mandeln im Mixer mahlen. Kardamom- und Gewürznelkenpulver zugeben. Nun den Jaggery und das Rosenwasser hineingeben, bis eine formbare Masse entsteht. Etwas abkühlen lassen. Aus der Marzipanmasse walnussgroße Kugeln rollen und diese im Zimt wälzen.

Desserts

Desserts können, wenn die Menge stimmt, der krönende Abschluss eines veganen Mahls sein oder dem Magen jenen letzten Bissen geben, der ihn erst so richtig befriedigt. Dennoch sollten Süßspeisen etwas Besonderes bleiben und nicht im Überfluss genossen werden; das ist sicherlich allen geläufig.
Ein Problem ist die Frage nach der verträglichen Süße. Kristallzucker ist leere Energie ohne Nährwert, aber es gibt auch andere Möglichkeiten (siehe auch: Was kommt in den Topf? Seite 51). Jaggery beispielsweise ist ein Rohzucker, der die Konsistenz von sehr festem Honig hat: Er ist nicht kristallin und eignet sich daher eher dazu, in Speisen eingerührt zu werden, als zum Streuen. Roh-Rohrzucker ist getrockneter Zuckerrohrsaft und kommt rieselfähig, aber nicht raffiniert in den Handel. Auch Zuckerrübensirup, Melasse und Gerstenmalz eignen sich sehr gut zum Süßen warmer, flüssiger Speisen und Getränke. Melasse hat allerdings einen sehr intensiven, lakritzartigen Eigengeschmack.
Apfel- und Birnendicksaft schmecken nach den Früchten, aus denen sie hergestellt wurden; deswegen eignen sie sich nicht für alle Süßspeisen. Viele Speisen benötigen auch gar keine zusätzliche Süße – sie sind auch so süß genug.

Rote Grütze ohne Kochen

Für 4 Personen

300 g rote Johannisbeeren
200 g schwarze Johannisbeeren
2 EL Apfeldicksaft
1 EL Flohsamenhülsen oder
3 EL gemahlener Leinsamen

Die Beeren waschen und von den Stielen befreien. Anschließend zusammen mit dem Apfeldicksaft im Mixer pürieren.
Nun die Flohsamenhülsen oder den gemahlenen Leinsamen untermischen. Mit Flohsamenhülsen ist die Grütze nach einer halben Stunde fest, mit Leinsamen dauert es etwa eine Stunde.
Mit heißer Vanillesauce (Seite 146) oder veganer Eiscreme (ab Seite 178) servieren.

Flohsamenhülsen sind die gemahlenen Samen der Pflanze *Plantago ovata*. Sie stammen aus Indien und sind hierzulande noch wenig bekannt. Da Flohsamenhülsen Schleimstoffe enthalten, sind sie stark quellfähig, stärker noch als Leinsamen. Sie finden daher oft Verwendung als Verdauungshilfe in Naturarzneimitteln. Durch ihre Quellfähigkeit sind sie aber auch sehr gut als Geliermittel für Fruchtspeisen geeignet, die nicht gekocht werden müssen.

Möhrendessert

Für 6 Personen

600 g Möhren
100 g vegane Pflanzenmargarine
3 EL gehackte Cashewkerne
250 ml Sojatrunk
200 g Roh-Rohrzucker
3 EL Sultaninen
1 TL gemahlener Kardamom

Die Möhren schälen und grob raspeln. Die Hälfte der Margarine in einem Topf schmelzen und die geraspelten Möhren darin auf mittlerer Flamme anbraten. Im offenen Topf 10 Minuten dünsten, dabei häufig umrühren, sodass die Möhren gleichmäßig gar werden und nichts ansetzt.
Die Cashewkerne leicht anrösten und zusammen mit dem Sojatrunk, dem Roh-Rohrzucker, den Sultaninen und der restlichen Margarine unter die Möhren mengen und abermals kochen, bis der Möhrenbrei eindickt. Zum Schluss noch den gemahlenen Kardamom untermischen und kurz durchziehen lassen, aber nicht mehr kochen.
Heiß, mit veganer Eiscreme (ab Seite 178) oder gut gekühlt servieren.

Möhrendessert, Apfelmusvariation und auch das süße Grießdessert halten im Kühlschrank 3 – 4 Tage. Wenn nicht vorher jemand darüber herfällt!

Apfelmusvariation

Für 6 Personen

6 mittelgroße Äpfel
3 EL vegane Pflanzenmargarine
2 EL Wasser
3 EL Apfeldicksaft
1 TL gemahlener Kardamom
150 g Sultaninen
3 EL geschälte und gehackte Mandeln

Die Äpfel schälen, vom Kerngehäuse befreien und in Stücke schneiden. Die Margarine in einem großen Topf erhitzen und die Apfelstücke darin für 4 – 5 Minuten unter häufigem Rühren anbraten.
Sobald die Stücke weich und braun sind, das Wasser hinzugeben, die Hitze reduzieren und ohne Deckel weiterkochen, bis die Äpfel zerfallen sind und eindicken. Die Apfelstückchen zerstampfen und oft umrühren, um ein Ansetzen zu verhindern.
Nun den Apfeldicksaft hinzugeben und weiterkochen, bis das Mus allmählich eine einheitliche Masse bildet. Die Flamme auf mittlere Stufe stellen und ununterbrochen rühren, damit die Flüssigkeit restlos verdampft. Kardamom, Sultaninen und Mandeln in die Apfelmasse einrühren und noch 2 Minuten durchziehen lassen, nicht mehr kochen.
Heiß mit veganer Eiscreme (ab Seite 178) oder gut gekühlt servieren.

Auch aus Birnen, Mangos oder anderen saftigen Früchten lässt sich ein Dessert dieser Art zaubern.

Süßes Grießdessert

Für 4 Personen

2 EL Sultaninen
2 EL Wasser zum Einweichen
80 g vegane Pflanzenmargarine
100 g Vollweizengrieß
250 ml Wasser
2 EL grob gehackte Cashewkerne
1 TL gemahlener Kardamom
2 EL Roh-Rohrzucker

Die Sultaninen kurz in warmem Wasser einweichen. Die Margarine schmelzen und den Grieß darin anrösten, bis er goldgelb wird und duftet. Dann das Wasser zugießen. Alles unter Rühren erhitzen, bis ein fester Brei entsteht, der sich vom Boden löst. Die Cashewkerne leicht anrösten. Nun die Sultaninen, die Nüsse, den Kardamom und den Roh-Rohrzucker unter den Brei mischen.
Heiß servieren.

Das süße Grießdessert ist eine köstliche Kalorienbombe – für eine Nachspeise fast zu mächtig!

Halwa

Für 6 Personen

200 g ungesalzenes Tahin
50 g Jaggery

Die Zutaten im Mixer bei Zimmertemperatur vermischen und im Kühlschrank fest werden lassen.
Gekühlt servieren.

Carobpudding

Für 4 Personen

300 ml Sojatrunk
3 EL Carobpulver
3 EL Pfeilwurzelmehl
etwas Wasser

Sojatrunk unter häufigem Rühren erhitzen und das Carobpulver mit dem Schneebesen hineinrühren. Pfeilwurzelmehl in etwas kaltem Wasser auflösen, in die Carob-Sojatrunk-Mischung gießen und das Ganze aufkochen, bis es einzudicken beginnt. Den Pudding vom Herd nehmen und in Glasschälchen verteilen.
Heiß oder kalt servieren.

Kokospudding

Für 6 Personen

100 g Santen
(eingedickte Kokosmilch)
300 ml Sojatrunk
3 EL Pfeilwurzelmehl
etwas Wasser
50 g Kokosraspel

Das Santen in kleine Stückchen schneiden. Den Sojatrunk zusammen mit den Santenstücken langsam erhitzen (nicht zu stark, sonst gerinnt er), bis sich die Stücke aufgelöst haben.
Inzwischen das Pfeilwurzelmehl in etwas kaltem Wasser verrühren.
Kokosraspel in die heiße Sojatrunk-Santen-Mischung einrühren und das aufgelöste Pfeilwurzelmehl zugeben.
Aufkochen, bis der Pudding einzudicken beginnt.
In Glasschälchen verteilen und entweder heiß oder gut gekühlt servieren.

Vanillepudding

Für 6 Personen

150 g weißes Mandelmus
300 ml Sojatrunk
1 EL Roh-Rohrzucker
1 TL Bourbonvanille-Pulver
3 EL Pfeilwurzelmehl
etwas Wasser

Mandelmus, Sojatrunk, Roh-Rohrzucker und Vanillepulver mit dem Pürierstab verquirlen. Pfeilwurzelmehl mit etwas kaltem Wasser verrühren. Die Mandelmus-Sojatrunk-Mischung in einem kleinen Topf unter häufigem Rühren auf mittlerer Flamme erhitzen (nicht zu stark, sonst gerinnt sie).
Nun die Stärkemischung hineingeben und aufkochen, bis der Pudding einzudicken beginnt.
In Schälchen verteilen und heiß oder kalt (z. B. mit Carobguss Seite 147) servieren.

Dieser Vanillepudding kommt ganz ohne Gelatine und andere Zusatzstoffe aus, die in Fertigpulver reichlich enthalten sind.

Bananen-Ingwer-Pudding

Für 6 Personen

3 mittelgroße Bananen
3 EL Zitronensaft
1 EL frisch geriebener Ingwer
3 EL Pfeilwurzelmehl
etwas Wasser
300 ml Sojatrunk

Zuerst die geschälten Bananen mit dem Zitronensaft und dem geriebenen Ingwer im Mixer pürieren. Pfeilwurzelmehl mit etwas Wasser verrühren.
Nun den Sojatrunk erhitzen (nicht zu stark, sonst gerinnt er!), die Bananen-Ingwer-Mischung hineingeben und zuletzt das angerührte Pfeilwurzelmehl zugeben.
Aufkochen lassen, bis der Pudding eindickt, auf Schälchen verteilen und gut gekühlt servieren.

Weizenkeimauflauf

Für 6 Personen

500 ml Wasser
200 g Weizenkeime
100 g Reismehl
50 g Rosinen
½ TL Salz
1 TL Zimt
2 EL Pinienkerne
Fett für die Form
2 EL vegane Pflanzenmargarine
100 g Roh-Rohrzucker

400 ml Wasser zum Kochen bringen. Weizenkeime mit Reismehl vermengen und in das kochende Wasser einlaufen lassen. Rühren, bis ein dicker Brei entsteht. Rosinen, Salz, Zimt und Pinienkerne unterkneten, alles in eine mit Margarine eingepinselte Auflaufform geben und den Teig über Nacht im Kühlschrank ruhen lassen.
Am nächsten Tag den Ofen auf 180 °C vorheizen. Margarine und Roh-Rohrzucker in einer Pfanne zusammen anbräunen und 100 ml heißes Wasser langsam hineingießen. Mit einem Schneebesen gut verrühren. Diesen heißen Sirup über den Teig in der Auflaufform gießen und bei 180 °C 45 Minuten backen.
Heiß mit veganer Eiscreme (ab Seite 178) servieren.

Bratäpfel

Für 4 Personen

4 große, saftige Äpfel
Fett für die Form
4 EL vegane Pflanzenmargarine

Für die Füllung:
3 EL Rosinen
etwas heißes Wasser zum Einweichen
2 EL gehackte Cashewkerne
4 EL Vollkornhaferflocken
2 EL Zitronensaft
1 EL Rosenwasser

Zuerst die Äpfel waschen und das Kerngehäuse großzügig ausstechen, sodass jeweils eine Röhre von etwa 3 cm Durchmesser entsteht.
Die Rosinen in etwas heißem Wasser einweichen. Die Zutaten für die Füllung mischen und diese fest in die ausgehöhlten Äpfel stopfen.
Nun eine Auflaufform mit Pflanzenmargarine auspinseln und die gefüllten Äpfel hineinsetzen. Alles mit der zerlassenen Margarine übergießen und im Backofen bei 180 °C 15 Minuten backen.
Heiß mit Vanillesauce (Seite 146) oder Carobguss (Seite 147) servieren.

Bananen-Ingwer-Eis

Für 6 Personen

3 reife Bananen
2 EL Zitronensaft
1 EL frischer, geriebener Ingwer
100 g Tofu
300 ml Sojatrunk
30 g weißes Mandelmus

Die geschälten Bananen mit 1 EL Zitronensaft und Ingwer pürieren und beiseite stellen.
Tofu, Sojatrunk und den Rest des Zitronensaftes so lange im Mixer mischen, bis eine cremige Masse ohne Klümpchen entstanden ist.
Nun das Mandelmus und die Bananen-Ingwer-Mischung zugeben und weitermixen.
Das Ganze in eine Plastikschüssel füllen und im Eisfach des Kühlschranks mindestens drei Stunden gefrieren lassen. Jede halbe Stunde gut durchrühren.

Es ist wirklich nicht schwer, eine vegane Eiscreme zu zaubern! Und wenn Sie erst mal Geschmack daran gefunden haben, lohnt sich die Anschaffung einer Eismaschine. Sie ist nicht teuer. Geben Sie die vorbereitete Mischung einfach nach Vorschrift in das Gerät.

Carobeiscreme

Für 6 Personen

100 g Tofu
1 EL Zitronensaft
300 ml Sojatrunk
30 g weißes Mandelmus
4 EL Carobpulver

Tofu mit Zitronensaft und Sojatrunk so lange im Mixer pürieren, bis eine klümpchenfreie Creme entstanden ist. Nun das Mandelmus und das Carobpulver daruntermixen.
Die Creme in eine Plastikschüssel füllen und im Eisfach mindestens drei Stunden fest werden lassen, dabei alle halbe Stunde gut durchrühren.

Mandeleis

Für 6 Personen

100 g Tofu
1 EL Zitronensaft
300 ml Sojatrunk
50 g weißes Mandelmus
1 EL Roh-Rohrzucker
50 g gehäutete und gehackte Mandeln

Tofu mit Zitronensaft und Sojatrunk so lange im Mixer pürieren, bis eine klümpchenfreie Creme entstanden ist. Dann das Mandelmus und den Roh-Rohrzucker daruntermixen und die gehackten Mandeln unterrühren. Das Ganze in eine Plastikschüssel füllen und im Eisfach mindestens drei Stunden fest werden lassen, dabei jede halbe Stunde gut durchrühren.

Getränke

Darüber, wie viel man/frau trinken soll, streiten sich die Geister durch alle Kulturen und alle Ernährungsformen hindurch:

Der Ayurveda macht es vom Konstitutionstyp – dem Dosha – des Einzelnen abhängig, die Makrobioten raten zu extrem wenig Flüssigkeitszufuhr, die Traditionelle Chinesische Medizin (TCM) richtet sich nach der jeweilig aktuellen Wandlungsphase im Gesamtkonzept der Fünfelementelehre, und die traditionelle westliche Schulmedizin sagt anderthalb bis zwei Liter pro Tag ...

Viele von uns trinken viel zu wenig und einige zudem noch zuviel Kaffee und/oder Alkohol. Das ist zwar vegan, aber bestimmt nicht gesund.

Manche Getränke sind eigentlich eher Speisen und können deshalb auch als leichte Mahlzeit oder als Dessert genossen werden. In jedem Fall sind sie aber gesünder als ein alkoholischer »Drink«. Auch sind sie bestimmt geeignet, auf einer Party das Vorurteil, Veganerinnen und Veganer seien allesamt humorlose Miesepetras und -peter, auszuräumen.

Bananen-Ingwer-Shake

Für 3 Personen

2 reife Bananen
2 EL Zitronensaft
100 g Tofu
300 ml Sojatrunk
2 EL Apfeldicksaft
1 EL geriebener frischer Ingwer

Die geschälten Bananen mit 1 EL Zitronensaft pürieren und beiseite stellen. Tofu, Sojatrunk und den restlichen Zitronensaft so lange im Mixer mischen, bis eine cremige Masse ohne Klümpchen entstanden ist. Apfeldicksaft, Ingwer und Bananenpüree daruntermixen.
Gekühlt servieren.

Süßes Tofughurtgetränk

Für 3 Personen

100 g Tofu
300 ml Sojatrunk
1 EL Zitronensaft
1 EL Roh-Rohrzucker
1 Msp Safranpulver
oder 4 Safranfäden
1 TL gemahlener Kardamom
1 EL Rosenwasser

Tofu, Sojatrunk und Zitronensaft so lange im Mixer mischen, bis eine cremige Masse ohne Klümpchen entstanden ist. Roh-Rohrzucker, Safran, Kardamom und Rosenwasser zugeben und eine Minute weitermixen. Gut gekühlt servieren.

Vegane Shakes sind hervorragende Durstlöscher im Sommer!

Gewürzkaffee

Für 6 Personen

500 ml Sojatrunk
600 ml Wasser
5 TL Getreidekaffee (zum Aufbrühen)
¼ TL geriebene Muskatnuss
¼ TL gemahlener Kardamom
6 Safranfäden
50 g Jaggery

Sojatrunk und Wasser vermischen und in einem Topf zum Kochen bringen. Kurz bevor die Sojatrunkmischung kocht, den Getreidekaffee zugeben und noch einmal aufkochen lassen. Gewürze und Jaggery zugeben und alles bei geschlossenem Deckel 5 Minuten köcheln lassen. Dabei aufpassen, dass nichts überkocht!
Das Getränk durch ein Teesieb gießen und servieren.

Kaffee ohne Koffein: Eher eine flüssige Schleckerei als ein Getränk!

Kardamom-Rooibos-Tee

Für 4 Personen

3½ TL Rooibostee
½ TL gemahlener Kardamom
750 ml Wasser
250 ml Sojatrunk

Rooibostee und Kardamom zusammen in einen Topf geben. Das Wasser zum Kochen bringen und darübergießen. Zugedeckt 7 Minuten ziehen lassen. Dann den Sojatrunk zugeben und noch einmal aufkochen lassen. Eventuell nach Belieben süßen.
Heiß servieren.

Rooibos, oder Rotbusch, stammt aus Südafrika. Er enthält kein Teein – eine koffeinähnliche Substanz – und ist daher sehr bekömmlich.
Der Tee hilft gut gegen Sodbrennen.

Yogi-Tee

Für 4 Personen

1 EL »Original Yogi-Tee«
300 ml Wasser
100 ml Sojatrunk
50 g Jaggery

Die Yogi-Tee-Mischung in das kalte Wasser geben und zum Kochen bringen. Dann die Hitze reduzieren, den Topf schließen und den Tee 20 Minuten köcheln lassen.
Jetzt den Sojatrunk und den Jaggery zugeben und noch einmal vorsichtig erhitzen, aber nicht mehr kochen lassen, sonst gerinnt der Sojatrunk.
Heiß servieren!

Ingwertee

Für 4 Personen

1 daumengroßes Stück Ingwer (etwa 5 cm lang)
1,2 l Wasser
50 g Agavendicksaft
1 Msp gemahlener schwarzer Pfeffer
2 EL Zitronensaft

Den Ingwer schälen und klein hacken, in ein sauberes Tee-Ei gefüllt in einen Topf hängen und das Wasser in den Topf gießen.
Nun das Wasser mit dem Tee-Ei zugedeckt zum Kochen bringen, den Deckel abnehmen und, sobald es kocht, für 10 Minuten offen sprudelnd kochen lassen.
Das Tee-Ei herausnehmen und abtropfen lassen. Dabei noch möglichst viel aus dem Ingwer herauspressen.
Jetzt den Tee vom Herd nehmen, Agavendicksaft, Pfeffer und Zitronensaft hineinrühren und noch einmal vorsichtig erhitzen, jedoch nicht mehr kochen.
Heiß servieren.

Bei Erkältungen und/oder im Winter bei defekter Heizung besonders empfehlenswert!

Adressen

Kontakte, Informationen

Vegetarierbund Deutschland e. V. (VEBU)
Blumenstraße 3
30159 Hannover
www.vegetarierbund.de

Menschen für Tierrechte Bundesverband der Tierversuchsgegner e. V.
Roermonder Straße 4 a
52072 Aachen
www.tierrechte.de

die tierbefreier e. V.
Postfach 230207
01112 Dresden
www.tierbefreier.de

Biovegan Biologisch-Veganes Netzwerk für Garten- und Landbau
Altenmarkt 95
8333 Riegersburg
Österreich
www.biovegan.org

Vegane Gesellschaft Österreich
Waidhausenstraße 13/1
1140 Wien
Österreich
www.vegan.at

PETA Deutschland e. V.
(People for the Ethical Treatment of Animals)
Benzstraße 1
70839 Gerlingen
www.peta.de

PETA Europe Ltd.
PO Box 36668
London SE1 1WA
United Kingdom
www.peta.org.uk

The Vegan Society
Donald Watson House
21 Hylton Street
Hockley
Birmingham B18 6HJ
United Kingdom
www.vegansociety.com

Veggies Catering Campaign
Sumac Centre
245 Gladstone Street
Nottingham NG7 6HX
United Kingdom
www.veggies.org.uk

American Vegan Society
American Vegan – vierteljährliche Zeitschrift der American Vegan Society
56 Dinshah Lane
PO Box 369
Malaga NJ 08328
USA
www.americanvegan.org

Im Internet

Im Internet gibt es eine Vielzahl von Seiten rund um das vegane Leben. Hier eine Auswahl, die keine Wertung oder Empfehlung darstellt.

www.vegan.de

www.veganissimo.de

www.vegan.ch

www.vegan.at

Vegan World Network
www.veganworldnetwork.org

Vegan News
Nonprofit Vegan Newsletter
www.btinternet.com/~bury_rd/

Bezugsquellen

Gewürze, Reis, Hülsenfrüchte, indische Bücher, ayurvedische Kosmetik und Medizin, nützliche Küchenhilfen:

Indu-Versand
Turmstraße 7
35085 Ebsdorfergrund
www.indu-versand.de

Govinda Natur GmbH
Feckweilerhaide 2
55765 Birkenfeld
www.govinda-versand.de

Surabhi Natural Products
Moststraße 25 a
93326 Abensberg
www.surabhi.de

Sat Nam Versand
Ringstraße 98
64823 Groß-Umstadt
www.satnam.de

Versand von veganer Naturkost, Naturkosmetik, Haushaltsreinigern, lederfreien Schuhen:

TrueStyleShop
Hirschbergstraße 99
71634 Ludwigsburg
www.truestyleshop.de

Vegan-Shop & Versand Frankfurt
Höhenstraße 50
60385 Frankfurt/Main
www.vegan-naturkosmetik-shop.de

Without
Versand für Naturkosmetik, Naturwaren und Naturkost
Franz-Wieber-Straße 9
36151 Burghaun
www.without.de

Vegane Zeiten
Weyerstraße 48 – 52
50676 Köln
www.vegane-zeiten.de

Vegan Versand
Adenauerallee 50
52066 Aachen
www.veganshop.de

Radix Naturkost & Versand
Werinherstraße 48
81541 München
www.radixversand.de

So-Ja veganer Versandhandel
Steilshooper Straße 33
22305 Hamburg
www.so-ja.de

Geschmackssache Naturkost
Lutherstraße 7
24114 Kiel
www.vegana-feinkost.de

Veni Vidi Vegi!
Veganladen Naturkost
Pücklerstraße 32
10997 Berlin
www.veganladen.de

Veganic
Sorg 5
91286 Obertrubach
www.veganic.de

Vitakeim vegane Naturkost
Ulrichsberg 6
74635 Kupferzell
www.vitakeim.de

Lord of Tofu – Bioland Tofurei
Schopfheimer Straße 25
79541 Lörrach
www.lordoftofu.com

Svadesha Naturkost-Vertrieb
Leonhardiweg 48
81829 München
www.svadesha.de

smilefood vegetarisch gut
Atelier 25 & Atelier 63
Kalscheurener Straße 19
50354 Hürth
www.smilefood.de

Die Sojapost
Edelstraße 79b
02953 Groß Düben OT Halbendorf
www.sojapost.de

Produkte für ein besseres Leben
Sebastianstraße 7
53572 Unkel
www.ein-besseres-leben.de

veganbasics gmbh
Marienthaler Straße 17
24340 Eckernförde
www.veganbasics.de

vegan-total.de
An der Röthe 8
36145 Hofbieber
www.vegan-total.de

Vegan Wonderland
Breisenbachstrasse 95
44357 Dortmund
www.vegan-wonderland.de

Vegourmet Vegan-Versand
Itter 543
6866 Andelsbuch
Österreich
www.veganversand.at

Larada Genossenschaft
Aarmattweg 53
3052 Zollikofen
Schweiz
www.larada.org

Nützliches für die Küche und gut deklarierte Kleidung:

Waschbär – Der Umweltversand
Wöhlerstraße 4
79108 Freiburg
www.waschbaer.de

Rezeptindex

Wir engagieren uns noch stärker für den Klimaschutz!

Seit mehr als 15 Jahren drucken wir unsere Bücher weitestgehend auf Recyclingpapier und versuchen damit, eine ressourcenschonende und umweltfreundliche Buchproduktion zu ermöglichen.

In den letzten Jahren ist der Klimawandel mit seinen weitreichenden Folgen für uns und vor allem unsere nachfolgenden Generationen immer mehr zum Thema geworden. Die Auswirkungen sind bereits jetzt spürbar – Wetterextreme, sich verschiebende Jahreszeiten, Erderwärmung. Auch wenn diese Entwicklungen nicht mehr völlig aufzuhalten sind, müssen wir – auch als Verlag – aktiv werden.

Die *freiburger graphische betriebe*, die Druckerei, in der unsere Bücher produziert werden, beteiligen sich an der Klimainitiative der Druck- und Medienverbände Deutschland und bieten die Möglichkeit, Buchproduktionen klimaneutral herstellen zu lassen. »Klimaneutral« bedeutet den Ausgleich von Treibhausgasen bzw. die Neutralisation durch die Einsparung einer bestimmten CO_2-Menge an anderer Stelle. Da die Wirkungen des Treibhauseffektes global schädigen, ist es irrelevant, an welchem Ort der Welt Emissionen entstehen und wo sie dann letztendlich eingespart werden. Der gesamte Prozess des Ausgleiches von Treibhausgasen basiert auf dem Kyoto-Protokoll von 1997.

Wir haben nun die Möglichkeit, für jedes Druckprodukt den genauen Wert des CO_2-Ausstoßes, der auf den Produktionsprozess in der Druckerei und deren Materialeinsatz zurückzuführen ist, zu ermitteln. Mit Hilfe eines vom Bundesverband der deutschen Druckindustrie entwickelten Rechners, mit dem viele Faktoren erfasst werden – Energieverbrauch, Farbe, Papier, Transportwege oder Einsatz von Personal – wird am Ende der Buchproduktion ein Wert ermittelt, der die relevante Wertschöpfungskette für die technische Herstellung des Buchs umfasst und den durch die Produktion verursachten CO_2-Ausstoß nachweist.

Für diesen Wert bezahlen wir als Verlag einen Ausgleich, der dann in anerkannte und zertifizierte Klimaschutzprojekte fließt. Die Zertifizierung erfolgt durch die Organisation *firstclimate* (www.firstclimate.com) und wird durch das Logo »Print CO_2« angezeigt.

Die aus dem Druck dieses Buchs resultierende Klimaabgabe fließt in ein Windparkprojekt in der Marmara-Region in der Türkei.

Das Projektgebiet liegt in der Marmara-Region an einem Höhenrücken etwa 350 m über Meereshöhe, nahe der Dörfer Elbasan und Catalca unweit Instanbuls. Im Rahmen des Projekts werden 20 Windenergieanlagen mit einer Nennleistung von je 3 MW errichtet.

Vegane Köstlichkeiten

Angelika Eckstein:
Vegan backen
ISBN: 978-3-89566-239-3

Heike Kügler-Anger:
Käse veganese
ISBN: 978-3-89566-237-9

Alexander Nabben:
Kochen und backen mit Tofu
ISBN: 978-3-89566-158-7

Heike Kügler-Anger:
Vegan unterwegs
ISBN: 978-3-89566-264-5

Vollwertig • vegetarisch • gesund

Heike Kügler-Anger:
Cucina vegana
ISBN: 978-3-89566-247-8

Herbert Walker:
Vollwertig kochen und backen mit Pfiff – ohne tierisches Eiweiß
ISBN: 978-3-89566-146-4

Heike Kügler-Anger:
Milchfrei und schnell gekocht
ISBN: 978-3-89566-232-4

Jutta Grimm:
Vegetarisch grillen
Mit Cartoons von Renate Alf
ISBN: 978-3-89566-242-3

Andere Bücher aus dem pala-verlag

Ute Rabe:
Dinkel und Grünkern
ISBN: 978-3-89566-189-1

Wolfgang Hertling:
Kochen mit Hirse
ISBN: 978-3-89566-260-7

Simone Stefka:
Glutenfrei backen
ISBN: 978-3-89566-226-3

Dr. Bettina Pabel:
Natürlich glutenfrei
ISBN: 978-3-89566-204-1

6. aktualisierte Neuauflage
Die erste Auflage dieses Buchs erschien 1997.

ISBN: 978-3-89566-266-9
www.pala-verlag.de

Lektorat: Bettina Snowdon
Umschlag- und Textillustrationen: Tatiana Mints
Kastenzeichnungen: Sabine Hoff
Druck und Bindung: freiburger graphische betriebe
www.fgb.de
Printed in Germany

Dieses Buch ist auf Papier aus 100 % Recyclingmaterial
gedruckt und klimaneutral produziert.

Print CO_2 geprüft